シリーズ「遺跡を学ぶ」
061

中世日本最大の貿易都市

博多遺跡群

大庭康時

新泉社

中世日本最大の貿易都市
―博多遺跡群―

大庭康時

【目次】

装　幀　新谷雅宣
本文図版　中原利絵

第1章　中世日本の水際・博多

1　中世博多の発見

博多祇園山笠

「三〇秒前」「二〇秒前」「一〇秒前」……、秒読みが進むにつれて、夜明け前の暗さのなかにピリピリと張りつめた緊張感が充満していく。

「ドーン」、「おいさっ！」打ち出された大太鼓に漢《おとこ》たちの鬨《とき》が応じ、山が奔《はし》りだす。博多に本格的な夏の訪れを告げる博多祇園山笠《ぎおんやまかさ》のフィナーレ、追い山の開幕である（図1）。

勇壮で知られる博多祇園山笠は、しかし喧嘩祭りではない。「流《なが》れ」に組織された町内ごとに、舁《か》き山《やま》とよばれる博多人形で飾られた山車《だし》を担いで疾駆し、その所要時間を競うタイムレースである。櫛田《くしだ》神社の末社である祇園社の祭りで、櫛田神社を皮切りに、旧博多部《ぶ》すなわち近世博多の町をジグザグにめぐる。「流れ」は旧博多部の町割の両側町《りょうがわまち》（通りが町の境界になるのではなく通りをはさんだ両側が一つの町を構成する）を道筋に沿って連ねた組織で、天《てん》正《しょう》一五年（一五八七）の太閤町割《たいこうまちわり》に由来するとされる。

また、祭りの運営は、「流れ」の総責任者である総務、町の役員である町総代以下、整然とした上下関係で取り仕切られ、近世の町人組織を色濃くとどめている。文献史料上は、康正《こうしょう》二年（一四五六）の大内氏奉行人禁制に、祇園会の作り物に使うために、博多の北東部に接する海辺の景勝地、松原の松を勝手に伐採することを禁止するという内容がみえており、祭りの起源は確実に中世にさかのぼる。

そして、博多の町には（図2）、山が駆けめぐるアスファルトでおおわれた路面の下に、かつて町衆が駆けた江戸時代の町並みが隠れ、さらにその深部には、町衆の先祖たちが生きた中世の博多が眠っているのである。

図１ ● **博多祇園山笠**

博多祇園山笠は、国指定無形民俗文化財である。毎年７月１日から15日まで、博多の町は祭り一色に染まる。７月15日の追い山は午前４時59分、大太鼓の合図とともにその年の一番山笠が出走、15分おきにスタートが切られ、７番山笠が走り出すころには夜はすっかり明けている。

大陸と面する博多湾

　JR博多駅の博多口を出ると、右斜め前に大通りがまっすぐに伸びていく（図3）。大博通《たいはくどお》りとよばれるこの大通りの突き当たりは、博多埠頭すなわち港である。中世都市博多の遺跡は、大博通りの両側に広がる。

　逆に海側からこれをみよう。九州の北辺、玄界灘《げんかいなだ》に面して、大きく湾入した博多湾が小さく口を開けている。右手に糸島《いとしま》半島、左手には志賀《しかの》島《しま》から海《うみ》の中道《なかみち》がつづき、わずかに開いた口の真ん中には、玄海島《げんかいじま》・能《の》古島《このしま》が浮かんでいる。これら半島や島に守られた博多湾は、荒海である玄界灘から一転して、穏やかな表情を湛えている。その博多湾のなかほどに、博多はある。

図2 ● 空からみた現在の博多
かつての博多は、完全にビル街にのみこまれている。写真上方に長く横たわっているのは海の中道で、中央やや左手に志賀島がみえる。

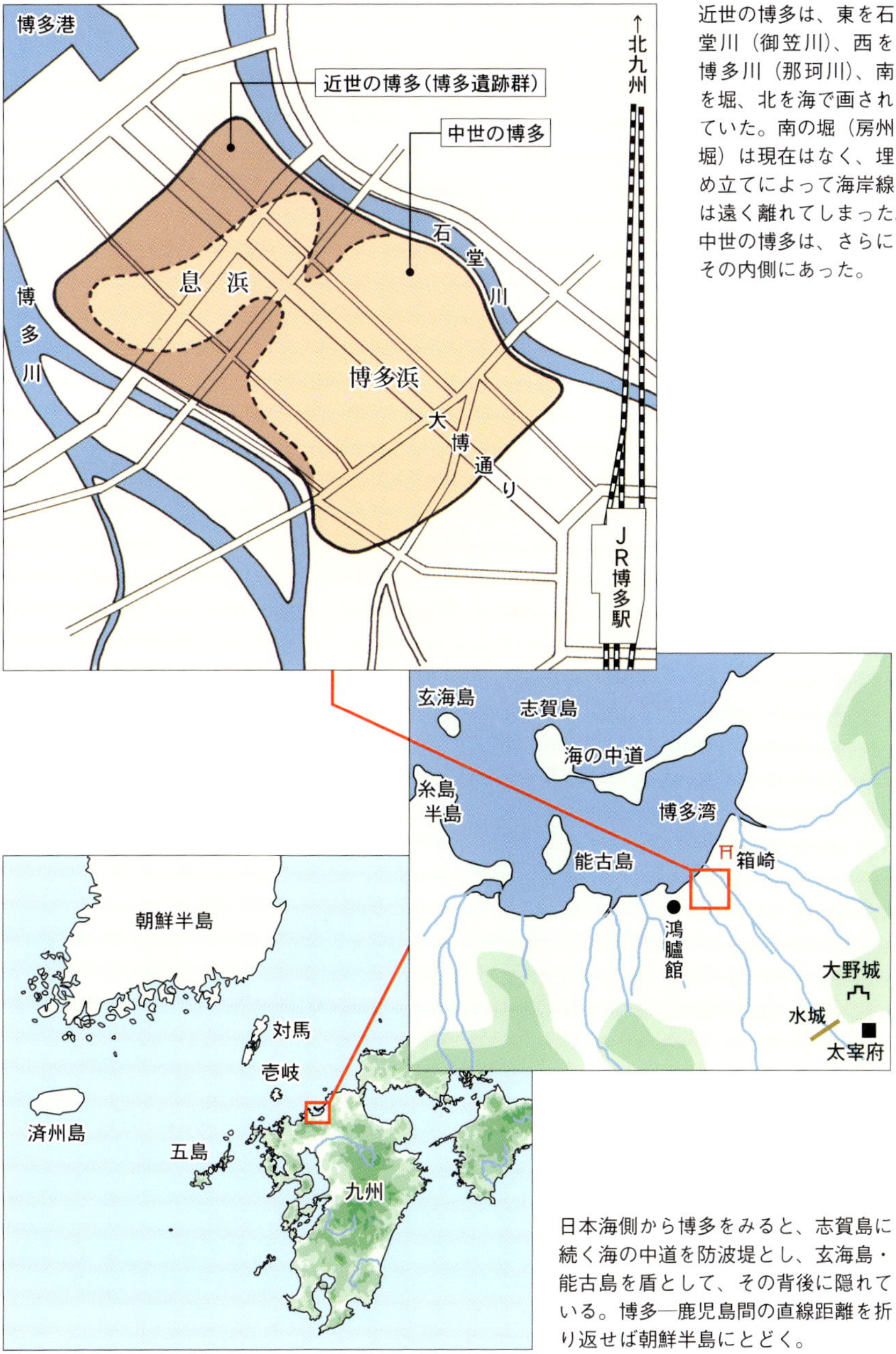

近世の博多は、東を石堂川（御笠川）、西を博多川（那珂川）、南を堀、北を海で画されていた。南の堀（房州堀）は現在はなく、埋め立てによって海岸線は遠く離れてしまった。中世の博多は、さらにその内側にあった。

日本海側から博多をみると、志賀島に続く海の中道を防波堤とし、玄海島・能古島を盾として、その背後に隠れている。博多—鹿児島間の直線距離を折り返せば朝鮮半島にとどく。

図３ ● 中世都市博多の位置

近世福岡藩の商都博多と中世の自治都市博多

一九七七年六月、福岡市博多区祇園町の一角で、福岡市営地下鉄建設に先立つ埋蔵文化財の試掘調査が実施された。この調査で、新たな遺跡が顔を出した。博多遺跡群である。

中世の自治都市博多は、そのまま近世福岡藩の商都博多に引き継がれた。だから、旧博多部とひとまとめにくくられる近世博多の領域に中世都市博多がかつて存在したことは、誰もが知るところであった。しかし、近現代をつうじて福岡市の都心でありつづけた町の地下に遺跡が残っていようとは、文化財担当者も誰一人として予想していなかったのである。

この試掘調査の結果を受けて、本格的な発掘調査が開始された。発掘調査では、国内のどこの遺跡でもみることができなかった膨大な量の中国陶磁器が出土し、中世貿易都市博多の特質の一端を示していた。当時、博多遺跡群を訪れた中国の研究者は、発掘現場の担当者に「近く

図4 ● 博多遺跡群の発掘調査現場
調査はビル街のただ中でおこなわれる。道路の突き当たりが博多湾で、その先に志賀島がわずかにのぞいている。

に白磁《はくじ》の窯があったのか」と尋ねたという。

こうして、博多遺跡群はデビューを飾ったのである。福岡市教育委員会では、近世博多の範囲を手がかりに博多遺跡群を遺跡台帳に登録し、その範囲内でおこなわれる開発行為に対し、文化財の確認を徹底することとした。それ以後今日まで、三〇年以上にわたって断続的に発掘調査は続いている（図４）。その結果、弥生時代中期から今日まで連綿と続く生活の跡が、浅い地点で地下二メートル弱、深いところでは五メートルにもわたって累積した複合遺跡であることが明らかとなったのである。

中世日本最大の貿易都市

博多は、中世日本最大の貿易都市であった。多国籍的な住民構成をもち、朝鮮・中国との貿易で成り立っていた。一方で、元寇《げんこう》に際しては、博多津《はかたつ》は元軍の攻撃目標となり、戦場となった。鴻臚館《こうろかん》の時代にさかのぼるが、八六九年の新羅《しらぎ》海賊襲来に際しても博多津は略奪され、一〇一九年のおそらく女真族《じょしんぞく》とみられる刀伊《とい》の入寇でも、戦場となった。貿易都市であり、背後に地方政府である大宰府《だざいふ》がひかえた博多津の立地は、侵略を企図するものにとっても標的だったのである。

博多は、中世に日本で唯一対外戦争を経験した都市である。商人の町であるとともに倭寇《わこう》の拠点でもあった。中世日本の水際であるとともに、境界性のない住民らによって賑わった、まさに東アジアの貿易都市であったといえよう。

2　前史としての鴻臚館

大陸文化の受け入れ口・福岡平野

博多を擁する福岡平野の歴史は、対外交流に彩られている。弥生時代の幕開けとなった稲作が最初に定着したのは福岡平野である。福岡市博多区の板付《いたづけ》遺跡では、縄文時代晩期にさかのぼる初期水田が発見されている。大陸系文物の流入も多く、福岡市西区の吉武高木《よしたけたかぎ》遺跡では、朝鮮半島製の多紐細文鏡《たちゅうさいもんきょう》や細型銅剣《ほそがたどうけん》などを副葬した特定集団墓がみつかり、日本最初の王墓ではないかと話題になった。そのほか前漢鏡の流入や鉄の導入など、大陸文化受け入れの窓口として、文化的な先進地としての位置をえることになる。

白村江の敗戦と水城、大野城

こうした地域にある博多遺跡群は、博多湾の海岸部に形成された砂丘上に営まれた遺跡で、弥生時代中期前半には先人たちによる生活の痕跡がみられるようになる。古墳時代には形象《けいしょう》埴輪《はにわ》や円筒埴輪《えんとうはにわ》で飾った前方後円墳が築かれるなど、地域の王権と強く結びついた遺跡であったことが推測される。

五三六年、新羅と通謀した筑紫国造《つくしのくにのみやつこ》磐井《いわい》の乱（五二七～五二八年）を抑えた大和朝廷は、危急に備えるためとして那津官家《なのつのみやけ》をおいた。福岡市博多区の比恵《ひえ》遺跡（国指定史跡）が那津官家の一部ではないかと考えられている。

その後、朝鮮半島での諸国間の抗争に介入するようになると、博多津は大和朝廷の派兵基地となる。著名なところでは、聖徳太子の弟である久米《くめの》皇子《みこ》が、朝鮮半島に出兵すべく時機をうかがったのは博多湾の西に張り出した糸島半島の志摩で、病をえた皇子はこの地で没している。

六六三年、新羅によって滅亡に追い込まれた百済《くだら》を救援するために派遣された約三万の軍が、白村江《はくすきのえ》で唐・新羅連合軍の前に潰えさる。この派兵を指揮するため、斉明《さいめい》天皇は九州に行幸した。当初那津の磐瀬宮《いわせのみや》に入った天皇は、内陸にある朝《あさ》倉橘広庭宮《くらのたちばなのひろにわのみや》に遷《うつ》ったが、そこで亡くなる。斉明天皇の後をついだ天智《てんち》天皇は、盤瀬宮を長津《ながつ》宮《みや》とあらため、戦争を遂行したが、白村江の敗戦を受けて、急遽大和に戻り、戦後処理にあたった。

朝鮮半島での軍事活動をあきらめ、六六四年に福岡平野の奥に水城《みずき》を築き、六六五年には大野《おおのの》城《き》・基肄城《きいのき》を築城した（図5）。さらに屋島城《やしまのき》、

図５ ● **水城と大野城**
水城は、巨大な人工の土手とその前面に掘られた水濠からなる古代の土木構築物である。平地をえんえんと一直線に区画する姿は万里の長城を連想させる。写真上方の山頂に大野城があった。

高安城《たかやすのき》など、九州から大和にいたる経路に沿って築城が相次ぐ。これは新羅・唐の襲来を恐れた結果にほかならなかった。

この一連の防衛策の基点が博多津であったことは、注目されてよい。すなわち、国境に関する条約などなかった当時、博多津の防衛が国防の第一手であったと思われる。もちろん、対馬が最前線であったことはいうまでもなく、そこには金田城《かねたのき》が築かれている。しかし、水城に始まる一連の防衛施設や、白村江の戦いの直後から来航した唐や新羅の使節を博多津で迎えて応対し帰国させていることなどを総合的にみれば、大和朝廷にとっての水際は博多津であったと考えてよいように思われる。

古代の博多

貞観《じょうがん》一一年（八六九）一二月二八日の太政官符には「博多是隣国輻輳《ふくそう》之津、警固武衛之要也」とある。博多は隣国から集まる港であるから、兵をもって守りを固める肝心の場所であるという認識は、後に元寇の際の防衛線が博多津に構築されたことにもつながるものといえよう。

古代になると博多には官衙《かんが》がおかれ、官人たちの住まいが建てられていたようだ。砂丘南側には溝による東西・南北の区画がみられ、大型の掘立柱建物《ほったてばしらたてもの》跡などもみつかっている。これに対し、その北側には竪穴住居《たてあなじゅうきょ》跡や井戸が掘られ、衣冠束帯の帯を飾った銙帯《かたい》や石帯《せきたい》が出土する。皇朝十二銭《こうちょうじゅうにせん》の出土も多く、須恵器《すえき》に書かれた墨書《ぼくしょ》には「長官《かみ》」や「佐《すけ》」など官職にちなむものまでみられるのである（図6）。しかし、文献史料には博多におかれた官衙について記すものはなく、その実態は不明である。

古代の外交施設、筑紫館・鴻臚館

さて、史料上にははっきりした記述はないが、福岡平野からその最奥部にあたる大宰府地域を切り離すように水城が築かれ、はさむように大野城・基肄城が築かれた点から推測して、大宰府が造営されたのはおそらくこの一連の防衛構想の一部であろう。そして、水際である博多津に築かれた施設が筑紫館《つくしのむろつみ》、後の鴻臚館である。

筑紫館は、唐や新羅から来着した使節を迎え収容し応対するための宿館《しゅくかん》であり、日本からの遣使が出港準備を整え風待ちする公館でもあった。日本を訪れた使節は、筑紫館での接待を受けたのみで帰国させられることも多く、まさに水際としての機能を果たしたのである。律令の規定では、外国人への対応・帰

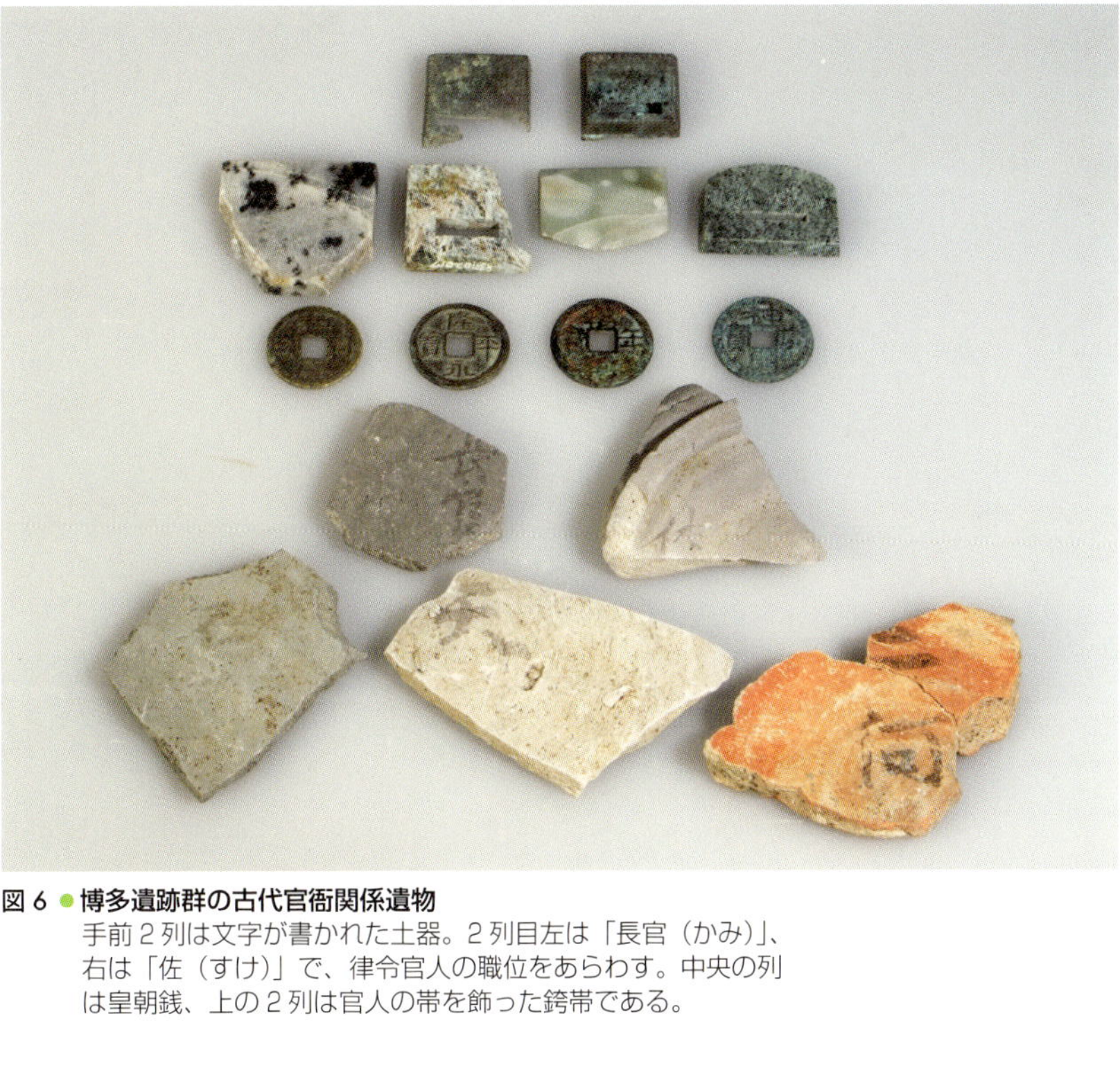

図６ ● 博多遺跡群の古代官衙関係遺物
手前２列は文字が書かれた土器。２列目左は「長官（かみ）」、右は「佐（すけ）」で、律令官人の職位をあらわす。中央の列は皇朝銭、上の２列は官人の帯を飾った銙帯である。

化および外国使節を饗応する職掌は大宰府が、また帰化は対馬・壱岐・日向・薩摩・大隅の国司に与えられたが、そのための施設として設置されたのは筑紫館のみであった。

貿易拠点・鴻臚館と博多

九世紀になって、唐や新羅からの国使来航は絶え、日本からの遣使もおこなわれなくなると、鴻臚館は唐やその後の五代《ごだい》の商人らの宿泊場所となり、交易拠点と化していく。

商船が来着すると、まず大宰府の官人が臨検をおこなった。臨検では、来航の理由、船員の氏名・積荷を確認し、そのリストが京都に報告される。京都では、朝議にかけられ、天皇の親裁によって商人を追い返すか（廻却）、鴻臚館での滞在を許可し（安置）、交易をおこなうかを決定する。安置の場合には鴻臚館に入館させる命令が出され、朝廷が買い上げる貨物のリストがつくられる。それにもとづいて朝廷がまず必要貨物を買い上げ、その後に民間の交易がおこなわれた。この間、商人は鴻臚館に滞在して交易に臨んだのである。

ただし、廻却と決まっても、順風をえなくては、ただちに帰国するというわけにはいかない。また、博多津から大宰府での手続きをへて京都に報告が上り、朝議をへて大宰府に命が下るまで、一カ月から二カ月を要した。この間、商人や珍奇な貿易品を船に積んだまま停泊させておくのは、管理上好ましくない。京都の判断を待たず一時的に商人・積荷を鴻臚館に収容したのは、現地の判断としてはやむをえなかったろう。鴻臚館における中国人商人の滞在はしだいに常態化し、また長期化していった。

ところで、鴻臚館が外交施設としての役割を終え、貿易拠点として機能していた九世紀後半以降、博多遺跡群からも鴻臚館同様に中国陶磁器が出土している。越州窯《えっしゅうよう》系青磁《せいじ》や邢窯《けいよう》系白磁《はくじ》、華南《かなん》産白磁などがそれで、特殊なものではイスラム陶器などもみられるのである。

これらの出土量は、鴻臚館には遠く及ばないまでも、国内としては鴻臚館についで多く、博多遺跡群が鴻臚館の機能の一部をになっていた可能性を考えてもよいのかもしれない。

鴻臚館の廃絶

一一世紀中ごろ、古代の貿易拠点であった鴻臚館は廃絶する。文献史料では、『扶桑略記《ふそうりゃっき》』の永承《えいしょう》二年（一〇四七）一一月九日条にみえる、大宰府が「大宋国商客宿坊」に放火した犯人四人を捕縛し獄につないだ、という記事が筑紫の鴻臚館に関わる最後の記事だとされる。「大宋国」とは九六〇年に五

図７ ● **鴻臚館の遺構**
1997年に開始された鴻臚館跡の発掘調査は現在も続いている。その建物遺構の一部は、鴻臚館展示館として調査時の姿のままみることができる。

代最後の後周《こうしゅう》から交代した中国の王朝「宋《そう》」（一二七九年、南宋が元に滅ぼされる）で、その「商客宿坊」とはまさに鴻臚館である。

鴻臚館跡は、博多遺跡群と入り江を隔てた西の丘陵上にあった。一九九七年に福岡市中央区舞鶴公園内の平和台球場から発見された（図8）。その後、現在に至るまで、全容解明のための発掘調査が続けられている。

これまでの発掘調査の結果、鴻臚館跡では、一一世紀後半以後一五世紀代に至るまでの遺物・遺構が、ほとんど皆無の状況にあることが明らかとなった。すなわち、鴻臚館は一一世紀中ごろに廃絶してしまったのである。これは、文献史料が示す年代とも一致しており、おそらく永承二年の記事にみえる火災によって鴻臚館は焼失し、以後、再建されなかったのであろう。

そして、突然の鴻臚館廃絶と入れ替わるように、博多遺跡群が貿易の表舞台に登場するのである。

図 8 ●鴻臚館跡
近世福岡城三の丸の一角で発見された。当時は、三の丸北側の堀付近まで海が迫っており、鴻臚館は海辺からせり上がった崖の上にそびえていた。

西暦	年号	事項		日本	中国	朝鮮
663		白村江の戦いで、日本軍大敗				
664		筑紫に水城を築く				
		このころ筑紫館（のちの鴻臚館）設置				
869	貞観11	新羅海賊、博多津を襲撃				
			鴻臚館貿易の時代			
1019	寛仁3	刀伊の入寇（博多津を襲撃）				
1047	永承2	鴻臚館焼失				
			11世紀中ごろ鴻臚館廃絶 貿易の拠点は博多に移る	平安		
			宋商人「博多綱首」の貿易 「博多津唐房」栄える		宋	
1195	建久6	博多に聖福寺が創建				
1242	仁治3	博多に承天寺が創建				
1274	文永11	元寇「文永の役」		鎌倉		高麗
		元寇防塁が築かれる				
1281	弘安4	元寇「弘安の役」				
1293	正応6	鎮西探題が設置される				
			息浜が発展・都市化する		元	
			博多町割が整備される			
1333	元弘3	鎮西探題滅ぶ				
		九州探題が設置される	前期倭寇			
1370	建徳元 応安3	懐良親王が明に朝貢（日本国王「良懐」として冊封される）				
1401	応永8	足利義満が第1回遣明使を派遣	日明貿易開始			
1420	応永27	朝鮮王国重臣宋希璟来日		室町		
1480	文明12	飯尾宗祇が来博	日明貿易・日琉貿易盛ん			
1526	大永6	博多商人神屋寿禎が石見銀山を発見				
1533	天文2	神屋寿禎、朝鮮から灰吹き精錬法を導入			明	李氏朝鮮
			後期倭寇			
1586	天正14	島津軍が博多を焼き討ち				
1587	天正15	秀吉、博多復興（太閤町割）		安土桃山		
1592	文禄元	朝鮮侵略（「文禄の役」、97年に「慶長の役」）				
1600	慶長5	黒田長政、筑前国主となり、翌年より福岡城を築く				
1613	慶長18	博多浜と息浜の間を埋め立て、ひとつの町場となる		江戸		

図9 ● 博多遺跡群関連年表

第2章　闊歩する宋商人

1　宋商人の町・博多津唐房

文献史料に登場する宋商人

博多は、一一世紀中ごろ、鴻臚館と入れ替わるように貿易拠点として登場した。鴻臚館を維持しつづけるよりも、宋商人らに居住場所を与えて自活させ、出入国と貿易を管理するほうが安易だという判断であろう。

博多には宋商人が居を構え、日本人女性を妻とし、子をなした。その宋商人らの娘のなかには、宗像大社《むなかたたいしゃ》の大宮司《だいぐうじ》に嫁し、その母となっている者もいた。宋商人に対して排他的な差別意識がなかったどころか、比較的高い社会的地位が認められていたといえよう。

永長《えいちょう》二年（一〇九七）、大宰権帥《だざいごんのそち》源《みなもとの》経信《つねのぶ》がその任地である大宰府で没した。父経信とともに大宰府にあった俊頼《としより》は、歌集『散木奇歌集《さんぼくきかしゅう》』につぎのように記している。

「はかたにはへりける唐人《とうじん》ともの、あまた
まうてきて、とふらいけるによめる、
たらちねに　別ぬる身は　唐人の
こととふさへも　此世にはにぬ」
（『散木奇歌集』第六悲歎部）

経信の死に際して、博多に在住していた多数の「唐人」が弔問に訪れたというのである。当時中国は宋朝であり、宋の商人をさしたものであろう。

下って仁平《にんぴょう》元年（一一五一）、大宰大監《だざいだいげん》大蔵種平らに率いられて大宰府を発した五〇〇余騎が博多を襲った。軍兵は、宋商人王昇の後家の屋敷から始めて、一六〇〇余家の家財を押収した後、筥《はこ》（箱）崎宮《ざきぐう》（図10）に乱入した。「仁平の大追捕」とよばれる事件である。事件の顛末は明らかではないが、貿易の利権がらみの争いと考えられている。おそらく王昇は、筥崎宮に属した商人だったのであろう。

建保《けんぽ》六年（一二一八）には、博多で宋人張光《ちょうこう》

図 10 ● **箱崎八幡宮（筥崎宮）**
博多湾沿いの砂丘上に、海に向かって建てられた神社である。砂丘の背後には宇美川が大きく蛇行し、箱崎の港が開かれていた。箱崎の町は、筥崎宮からその北側（写真左手）にかけて賑わっていた。

安《あん》が殺害されるという事件が起きた。凶行におよんだのは、箱崎宮留守寺主行遍《じしゅこうへん》とその子息左近将監《さこんのしょうげん》光助《みつすけ》である。やはり貿易をめぐる争いであろう。張光安は大宰府の大山寺の神人《じにん》、肥前国神埼荘《かんざきのしょう》（佐賀県神埼市）の寄人《よりうど》という、北部九州の現地勢力（地方権門《けんもん》）に従属する身分をもっていた。

これらの事例から、博多には宋商人が多く集まり、地元勢力と結びついて、その庇護を受けていたことがうかがわれる。

中国人名墨書と記された唐房

博多遺跡群から出土する陶磁器の一部に、高台《こうだい》の裏側に墨で人名を記したものがある。姓は、「王・黄・張・鄭・丁・李・陳・劉・周・唐・宋・得・徳・林・謝」など多岐にわたっている（図11）。一見して、中国人名であることがわかる。

これらの墨書がみられるのは一一世紀後半から一二世紀代の陶磁器であり、この時期、博多には多数

図 11 ● 陶磁器の高台裏に書かれた墨書
11 世紀後半から 12 世紀の白磁・青磁の底部に書かれたさまざまな墨書。

の中国人が闊歩していたとみてまちがいない。

滋賀県大津市の西教寺《さいきょうじ》が所蔵している「両巻疏知礼記《りょうかんそちれいき》」上巻奥書には、経信死去の一九年後、永久《えいきゅう》四年（一一一六）五月一一日の年紀で「筑前国薄多津唐房《はかたつとうぼう》」の文字がみえる。また、臨済宗の開祖で、宗より帰国後の建久《けんきゅう》六年（一一九五）に、博多に日本最古の禅寺、聖福寺《しょうふくじ》を建立した栄西《えいさい》の『入唐縁起《にっとうえんぎ》』には、栄西が宋に渡るために九州に向かい、仁安《にんあん》三年（一一六八）二月八日に「博多唐房《はかたとうぼう》」に達したと記されている。

この「博多津唐房」こそ、博多に拠点をおいた宋商人らの居住区、すなわち中世博多につくられたチャイナタウンである。

博多津唐房はどこに

では、博多津唐房はどこにあったのだろうか。

博多遺跡群からは、陶磁器が大量に埋まった遺構がみつかる。中国産の陶磁器を大量にひとまとめに捨てた跡である。波打ち際に捨てたと思われる遺構（図12）と、穴を掘って箱に入れて捨てたものがある。前者は貿易船内で破損した陶磁器を荷揚げ時に捨てたと考えられ、その場所は交易品の荷揚げ場所、つまり港を示すものといえる。後者には荷揚げした陶磁器を選別して捨てた遺構（図13）と、火災にあった陶磁器を廃棄した遺構とがある。営業・備蓄の場を示すものと思われる。

当時の博多の地形は、現在とは大きく異なり、博多浜と息浜《おきのはま》という大きくふたつの砂丘から

図 12 ● 博多浜西岸の波打ち際に捨てられた陶磁器
土坑などの掘り込みをともなわず、ただ山積みに捨てられており、荷揚げ時に破損品を投棄したものと思われる。

図 13 ● 陶磁器を選別して捨てた遺構
完形品を含まないが、完形に近い破損品が主体。火災にあった形跡もなく、荷揚げ後、商品を選別する過程ではねられた遺物であろう。出土状況から、一辺 1m、高さ 30cm の木箱に入れて埋められたものと思われる。

なっていた（図14）。波打ち際への廃棄遺構は、博多浜の西岸から出土しており、中世博多の港が博多の西側の入り江に面していたことがわかる。陶磁器を選別して捨てた遺構や火災にあった陶磁器の廃棄遺構も、博多浜の西側でみつかっている。この博多浜の西側一帯に、博多津唐房が存在したと推定できる。

博多浜のなかほどから東側には、古代・中世をつうじて日本各地でおこなわれていた土葬墓が多数みつかっているのに対して、博多浜の西側一帯ではほとんど出土していないことも博多津唐房の場所を示している。

このように土葬墓の分布からみると、唐房の東側には日本人の居住区が広がっていた。しかし、陶磁器の一括廃棄遺構や墨書陶磁器の分布を検討すると、一二世紀前半までは博多浜の西側に集中していたものが、一二世紀後半にはその東側でもみられるようになっていく。すなわち、

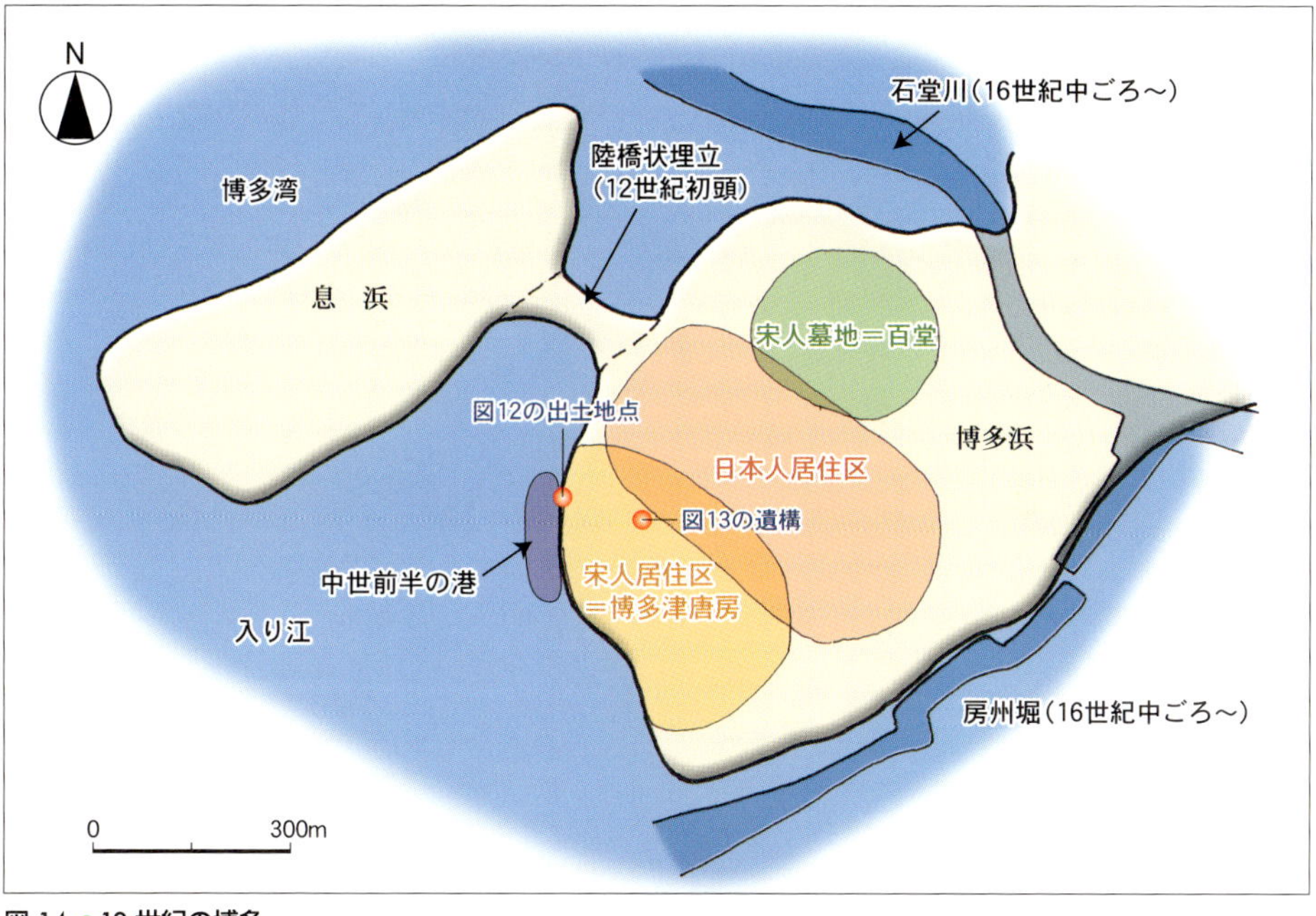

図14 ● 12世紀の博多
東側が砂丘続きになっていただけで、そのほかは入り江や川で内陸部とは切り離されていた。この段階では、息浜はまだ都市化が進んでいなかった。

宋人居住区の拡大である。一方、唐房と想定した範囲では、一二世紀後半以降も土葬墓は営まれていない。したがって、唐房というエリアが消滅したとは思えないが、宋人らの住まいがかつての唐房の範囲を越えて拡大していったと考えられる。

栄西によって開かれた聖福寺には、その寺地が「宋人百堂」の跡地であるという伝承があった。聖福寺の境内からは、かつて中国陶磁器を用いた骨蔵器が出土し、墓地が営まれていたと考えられている。「百堂」とは、宋人らによって墓地に建立された供養堂であろう。それが多数あったので「百堂」と総称されていたにちがいない。聖福寺創建当時、「百堂」はすでに廃れていたが、「仏地」であるという理由で空地のまま放置されていたという。

とすれば、まさに博多津唐房が営まれた一二世紀前半ごろ、博多浜西側を占めていた唐房とは反対側の博多浜東縁の一帯が、宋人の葬地になっていたと推測できる。そして、一二世紀後半、宋人居住区の拡大とともに葬地は博多浜から押しだされたのであろう。

唐房のなごり

この博多津唐房はどんな町並みだったのだろうか。宋時代の中国の町並みを模した建物が並んでいたのだろうか。宋代の庶民の住宅を調査した例は中国でも知られていないが、いずれにせよ博多遺跡群の調査で出てくるのは掘立柱建物跡で、特別な建築遺構はみつかっていない。宋商人が居住したといっても、その住宅は日本的な建築物であったと考えざるをえない。

軒平瓦　しかし、宋商人が住んでいた痕跡もみつかっている。博多遺跡群からは、奇妙な瓦がしばしば出土する。一番特徴的なのは、軒平瓦《のきひらがわら》の下縁がフリル状につくられている点である（図15）。日本国内で出土する瓦には、古代から現代にいたるまで、このような縁をもつ瓦はみられない。

もう少し子細に観察しよう。軒平瓦の瓦当《がとう》部分は、まず三本の重弧文《じゅうこもん》につくる。つぎに真ん中の弧線の直下に尖った棒の先端を刺し、そこを支点として上にねじり弧文を波打たせる。下縁は薄く長く引き出し、布を当てた上から指で押し込み、フリル部をつくりだす。これを押圧《おうあつ》波状文《はじょうもん》とよんでいる。

軒丸瓦の瓦当は、型押しで横

図15 ● 博多遺跡群から出土する特異な瓦
軒平瓦の下縁がフリル状になっているなど、日本国内ではほかに例をみない独特な瓦当文様をもつ。中国南部にルーツがあると考えられている。

からみた花文《かもん》を描いたもので、外縁には珠文《しゅもん》はない。

これらの瓦は、博多遺跡群以外では、近隣の箱崎遺跡群、香椎《かしい》遺跡などで数片、また薩摩半島の流通拠点であった持躰松《もったいまつ》遺跡（鹿児島県南薩摩市）で軒平瓦の小片が一点出土しただけである。出土点数としては博多遺跡群に遠くおよばず、分布の主体は博多遺跡群にある。

一方、同様の特徴をもつ瓦が、寧波《にんぽー》など中国の南部で確認されている（図16）。寧波は宋代には明州とよばれ、日本向けの出入国・貿易を管理した明州市舶司《めいしゅうしはくし》がおかれていた。遣唐使の時代、博多津を出発し、五島列島の三井楽《みいらく》から東シナ海に漕ぎだすいわゆる南路をとった船は、中国南部にたどり着いた。九世紀以降の中国人商人も同様の航路をとり、市舶司が置かれてからは、公にはそこが発着港となった。

おそらく、押圧波状文や花文の軒瓦は、明州から搬入もしくは技術が伝わってつくられた瓦であろう。製品が宋からもち込まれたか、製作技術が伝わって博多近辺で生産されたかは不明だが、いずれにしても中国系瓦であることは疑いない。

図 16 ● 寧波の位置
長江（揚子江）の河口近くに位置する寧波は干満の差が大きく、出入りが容易な良港であった。

しかし、その出土量は、屋根をおおうにはまったく足りず、瓦葺きの建物が広範に存在したとは考えられない。おそらく、家屋に葺かれたなどというものではなく、中国風の瓦で屋根の一部を飾った堂などが建立されていたのであろう。

結い桶　建物ではないが、井戸にも注目したい。博多遺跡群からみつかる一二世紀初頭ごろの井戸には、結《ゆ》い桶《おけ》が使われている（図17）。結い桶とは、短冊型の板を円形に並べてタガでしめ底板をはめた桶のことである。底を抜いた結い桶を伏せて重ねて井戸の側壁にしているのである。

博多遺跡群では、井戸は、中世をつうじてほぼ例外なくこの構造をしている。全国的には、結い桶の普及は一五世紀代をまたなくてはならないが、博多遺跡群では一二世紀初頭にさかのぼり、しかも周辺地域に拡散した様相はみられない。

じつは、結い桶も宋からもち込まれた容器であった。

図17 ● **結い桶を用いた井戸**
博多では中世をつうじてもっともポピュラーで、近世に入り井側に瓦を用いるようになっても、最下段には結い桶をおいている。しかし、木は腐ってしまい残りにくく、竹のタガまで残ることは稀である。

本来貿易品の容器として荷揚げされた結い桶が、井戸に転用されたものであろう。目にみえる構造物ではないが、博多津唐房ならでは、といえる。

2　貿易をになった博多綱首

博多綱首とは

博多津唐房で貿易をすすめた宋商人は「博多綱首《はかたこうしゅ》」とよばれた。

綱首とは、船団を率いて貿易に携わった商人の頭をいう。自らが資本を出す場合もあったし、雇われ船長として貿易を統括する場合もあったようだが、いずれにせよ貿易船を仕立て渡海し、貿易全般を仕切った責任者であった。文献史料では、綱首と同一人物を船頭と表記した例があり、日本では綱首のことを船頭とよんだようである。

彼ら綱首のうち、博多に拠点を構えた者が博多綱首である。前章でふれた、博多で殺害された張光安も博多綱首であった。

博多遺跡群から出土する中国人名にかかわる墨書には、姓+「綱」、姓、姓+花押、姓+数字、花押のみなどがある。かつて博多湾の浚渫時に引き上げられた天目茶碗には、「張綱」の墨書があった。当時、これは張某という綱首の私物であると考えられた。しかし、「綱」にはグループという意味もある。すなわち、貿易グループ＝「綱」を代表するからその長として「綱首」なのである。また、「綱」は輸送する荷物の組単位をさす用語でもある。つまり、墨書の「綱」

は「綱首」の省略形とは限らないのである。とすると、「張綱」は張某という個人を示すのではなく、張グループの積荷のかたまりを示す識別記号にすぎないということになる。

最近の理解は、後者である。すなわち、中国で船積みする際に、積荷の所属をあらわすために書かれた、いわば荷札という理解である。また、商船の積荷は、貿易のための積荷と、船員個々が自身の裁量で交易することが許された物品からなっていた。墨書がそれらの積荷の識別に書かれたとすれば、姓のみが書かれた場合は、船員個人裁量の積荷と考えることができよう。

綱首李充の貿易船

貿易船の乗員名がわかる史料は少ない。唯一、長治《ちょうじ》二年（一一〇五）に来航した李充《りじゅう》船の場合には、中国の明州市舶司が発給した公《こう》

綱首	梢工	雑事	部領
李充	林養	荘権	兵〈呉カ〉弟

第一甲	梁留、蔡依、唐祐、陳富、林和、郡〈群カ〉滕、阮祐、楊元、陳従、住珠、顧冉、王進、郭宜、阮昌、林旺、黄生、強宰、関従、送満、陳祐、潘祚、毛京、阮聡
第二甲	左直、呉湊、陳貴、李成、翁生、陳珠、陳徳、陳新、蔡原、陳志、顧章、張太、呉太、何来、朱有、陳光、林弟、李湊、楊小、彭事、陳欽、張五、小陳珠、陳海、小林弟
第三甲	唐才、林太、陽光、陳養、林太〈衍カ〉、陳栄、林足〈定カ〉、林進、張泰、薩有、張武、林泰、小陳貴、王有、林念、生栄〈常生カ〉、王徳、唐興、王春

図 18 ● 李充船の船員一覧
宋代の公憑の遺存例はなく、『朝野群載』（保延年間〔1135 〜 41〕成立の文書集）に収録されたこの李充船の公憑が唯一である。

憑《ひょう》が残っており、李充以下水手にいたるまで全員の姓名が明記されている（図18）。

公憑とは、市舶司が発行したいわば査証である。そこには、渡航先、渡航目的、船員の構成、積載貨物が書きあげられ、船舶運営にあたっての禁止条項と罰則が記されている。それによれば、綱首李充以下、上級船員が四名、甲板員六七名が乗船していた。同一の姓があり、それを整理すると三二種類の姓が記されている。

一隻の船にも同姓の船員は複数乗り組んでいたとすると、個人を識別するのに姓を記すだけでは不十分で、そのために花押を書き加えたと思われる。なお、中国の研究者から、日本の研究で従来花押とされていた墨書が、「置」という文字の崩しだという説が提示されている。「置」は、自身の所有を主張する言葉とのことだが、文字を独自に崩し、その違いで他者と識別するということであれば、花押を記すことと

図19 ● 火災にあった陶磁器を一括して廃棄した土坑（1827号遺構）
遺物が四角くまとまっていることから、一辺1mほどの四角い箱に入れられていたことが推定できる。箱に入れて捨てられた陶磁器は雑然としていて、規則性はない。とにかく集めて詰め込んだ様子が察せられる。

意味としては同じであり、これを花押と表現しても本質的には不都合はないだろう。また、宋代の文書に記された花押と形態的に共通するものもあり、すべてを「置」の変態と断じることは適当ではない。よって、本書では、花押という表現で統一することにしよう。

博多綱首・戴家の遺構

博多津唐房の東端で実施された第七九次調査では、火災にあった陶磁器を一括して廃棄した土坑がみつかった（一八二七号遺構・図19）。出土した白磁碗に「戴《たい》」姓を墨書したものがあることから（図20）、戴某という宋商人に関係した品々と考えられる。

これらの陶磁器は、一メートル四方で深さが約三〇センチの木箱に入れて埋められていた。第五六次調査では先にみたように（図13）、商品選別の過程で疵物《きずもの》であった陶磁器を一括廃棄した一二世紀前半の土坑が出土しているが、やはり一メートル四方で、

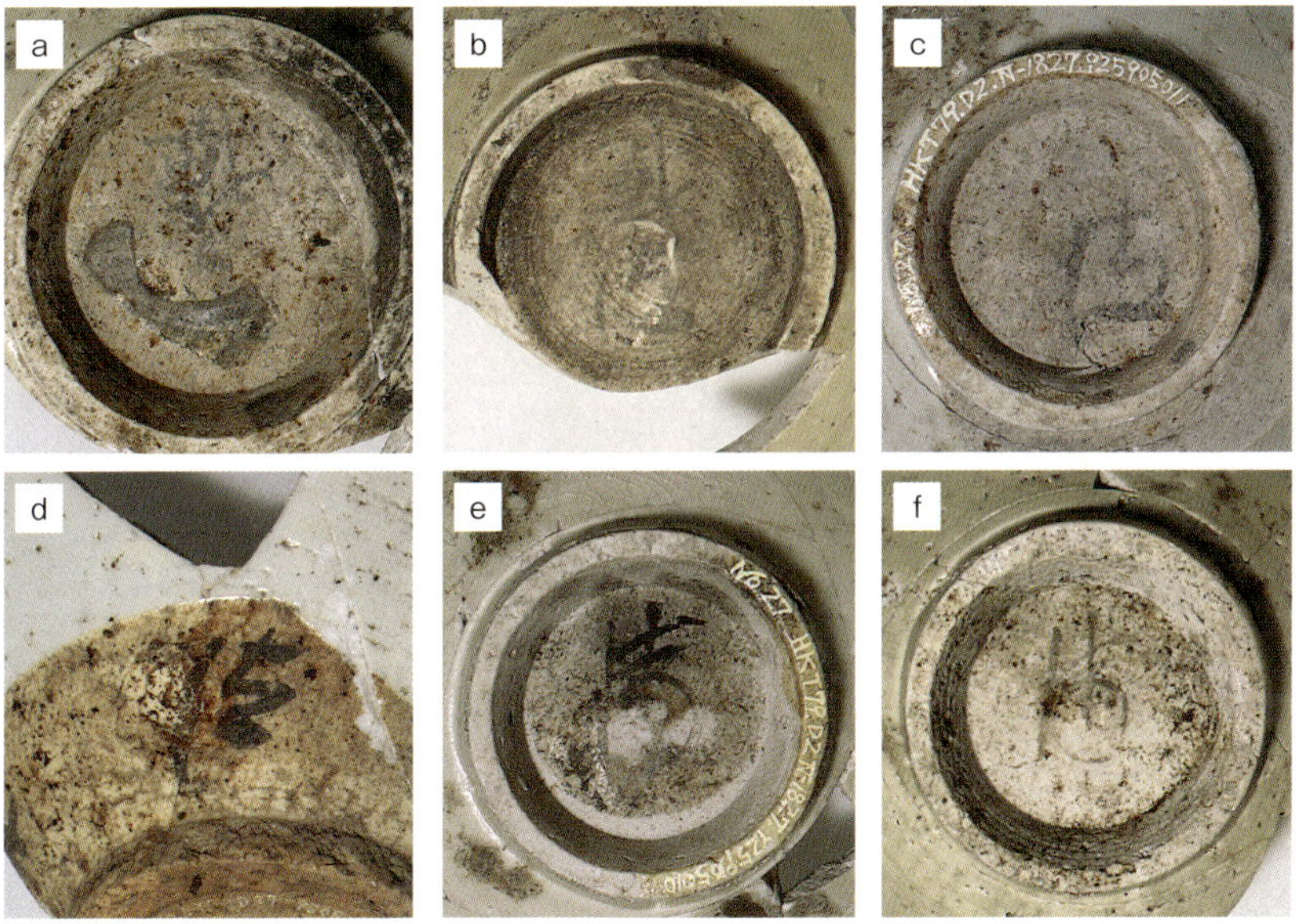

図20 ● 1827号遺構出土の「戴」花押ほかの墨書
花押を比較すると、２種類出土していることがわかる。
a～dは「戴」某だが、e・fの姓はわからない。

深さ三〇センチ前後の箱に入れて廃棄されていた。築港線第一次調査でも、同サイズの木箱に入れた一二世紀前半の陶磁器一括廃棄遺構が出土していることから、一二世紀前半には、この大きさの木箱が貿易船のコンテナ容器として用いられ、その一部が荷揚げ後、商家の備品として収納等に転用されていた可能性が想定できる。

木箱に捨てられた陶磁器

木箱のなかの出土状況をみると、大型の甕《かめ》から小型の盃托《はいたく》まで、雑然と入っている（図19参照）。多数出土した白磁の碗も、整然と重ねて収められていたわけではなく、ばらばらで出土している。また、陶磁器以外にも石鍋や石権《せきけん》（秤《はかり》のおもり）、炭化した穀類も出土している。おそらく、被災した陶磁器を売り物になるものとならないものとに選り分け、そのあたりにあったものと一緒に捨てたのであろう。

六〇〇平方メートルほどある第七九次調査地点のほぼ真中あたりでみつかった遺構だが、ほかに同時期の一括廃棄遺構はみつかっておらず、このときの火事によって廃棄された、戴某の倉に収められていた商品はこれですべてであろう。たいした火災ではなく、ほとんどが商品として取引可能であったか、もともと大した量は収められていなかったのか、あるいは火災のなかで商品を運び出すことができたのか、判断はできない。

一八二七号遺構出土の陶磁器は、そのほとんどが同一タイプを複数個体捨てたもので、多いタイプで一六八個体以上が捨てられていた（図21）。商品である陶磁器を備蓄して商っていた

種類	器種	点数	備考
青磁	碗	1	越州窯系
		1	初期竜泉窯系
青白磁	碗	1	
	灯火器	1	
天目	碗	9	
緑釉陶器	蓋	1	磁州系
白磁黒花	盃	3	磁州系倣定
	盃托	3	磁州系倣定
白釉	皿	12	磁州系
	碗	1	磁州系 1 類
		1	磁州系
		3	磁州系 2 類
白磁	小壺蓋	1	広東系
	小盃	1	広東系
	合子蓋	1	広東系
	皿	48	広東系
		1	広東系
	碗	2	広東系 0 類
		1	広東系 2 類
	鉢	6	広東系
	壺	1	広東系
		1	広東系
		1	広東系
	皿	2	福建系
		1	福建系
		1	福建系
		1	福建系
		3	福建系
		2	福建系
		6	福建系

種類	器種	点数	備考
白磁	碗	17	福建系 E 類
		17	福建系 E 類
		4	福建系 C - 1 類
		14	福建系 B - 1 類
		168	福建系 A 類、小片は数えず
		7	福建系 C - 2 類
		6	福建系 C - 2 類
黒褐釉	蓋	1	A 群
		1	A 群
	水注	4	A 群
	小盤	9	A 群
	四耳壺	2	A 群
黄青釉	四耳壺	4	A 群
	水注	1	A 群
黄釉	鉢	6	A 群
	盤	1	A 群
黄釉鉄絵	盤	4	A 群
無釉	長胴四耳壺	5	A 群
褐釉	長胴四耳壺	3	A 群
灰オリーブ釉	瓶	2	B 群
		12	B 群
褐釉	瓶	3	B 群
	瓶 or 四耳壺	1	B 群
	四耳壺	20	B 群
無釉	こね鉢	11	C 群
褐釉	行平	1	C 群
	甕	1	福建系
	四耳壺	2	らっきょう形
		1	

図 21 ● 1827 号遺構から出土した陶磁器一覧表

火災にあった陶磁器をまとめて廃棄した遺構。さまざまな器種、多様な形の陶磁器が荷揚げされていたことがわかる。このほか数点の土師器・瓦器・石鍋が出土している。

とすれば、やはり船員クラスではなく、貿易商人すなわち博多綱首と考えるのが妥当であろう。

日本国内に流通したもの、しなかったもの

一八二七号遺構出土の輸入陶磁器をみると、碗をとってもじつに多様なタイプが含まれている。細かい内容は述べないが、その特徴で分類すると一二タイプに分類できる。

これを同時期のほかの遺跡と比較してみよう。図22の(b)は商品として出荷する陶磁器を選別し破損品を廃棄した博多の遺構、(c)は流通先である大宰府の井戸出土資料、(d)は消費地である箱崎遺跡(博多に隣接した港津)、(e)は同じく消費地の吉塚祝町《よしづかいわいまち》遺跡(博多の衛星都市的な遺跡)である。

ほかの諸遺跡では組成が共通しているのに対し、一八二七号遺構だけまったく異なっている。つまり、大宰府や周辺地域に流通せずに、貿易商の手元に残った碗があり、そうした碗も輸入されていたことになる。このことから、陶磁器であればすべて珍重されたというわけではなく、明らかに国内市

生産地	分類	(a) 博多79次 1827号遺構	(b) 博多56次 SE0281	(c) 大宰府条坊 64次SE220	(d) 箱崎遺跡	(e) 吉塚祝町1次
磁州	Ⅰ	○				
	Ⅱ	○				
広東	0	○	○	○	○	○
	Ⅰ	○				
	Ⅱ					
	Ⅲ	○				
福建	A	○	○	○	○	○
	B－1	○				
	B－2	○			○	
	C－1	○	○			
	C－2	○	○	○	○	○
	E	○				

図22 ● 1827号遺構出土の白磁碗対照表
同時代にもっとも広く出土する白磁碗の比較を試みた。1827号遺構以外で共通して出土するタイプの白磁碗は全国にも普及している。

場の嗜好が存在したこと、他方でその嗜好を顧慮しない輸入がおこなわれていたことがわかる。嗜好が生まれた理由は明らかではないが、流通に乗らなかった以上、それらの碗は博多で消費されるしかなく、日用品に転化したと思われる。

戴某の共同した商人

さて、一八二七号遺構からは、戴某以外にもう一人の墨書も出土していた（図20参照）。戴某については、「戴」＋花押もしくはこれと同一の花押のみが書かれていた。さらにこれとは別の、もう一種類の花押が出土しているのである。これらの墨書には「綱」字はみえず、戴某ともう一人が個人の裁量でさばくことができる積荷であったといえよう（29頁参照）。ともに被災しひとつの土坑に廃棄されていることからみて、この二人分の商品は、一緒に備蓄されていたと推測できる。

とすると、両者は近親関係にあったとみるのが妥当だろう。兄弟か親子か、同一世帯に属する二人が、ともに乗船し、貿易に従事したと思われる。また、「綱」字の墨書がなかったことから推測をたくましくす

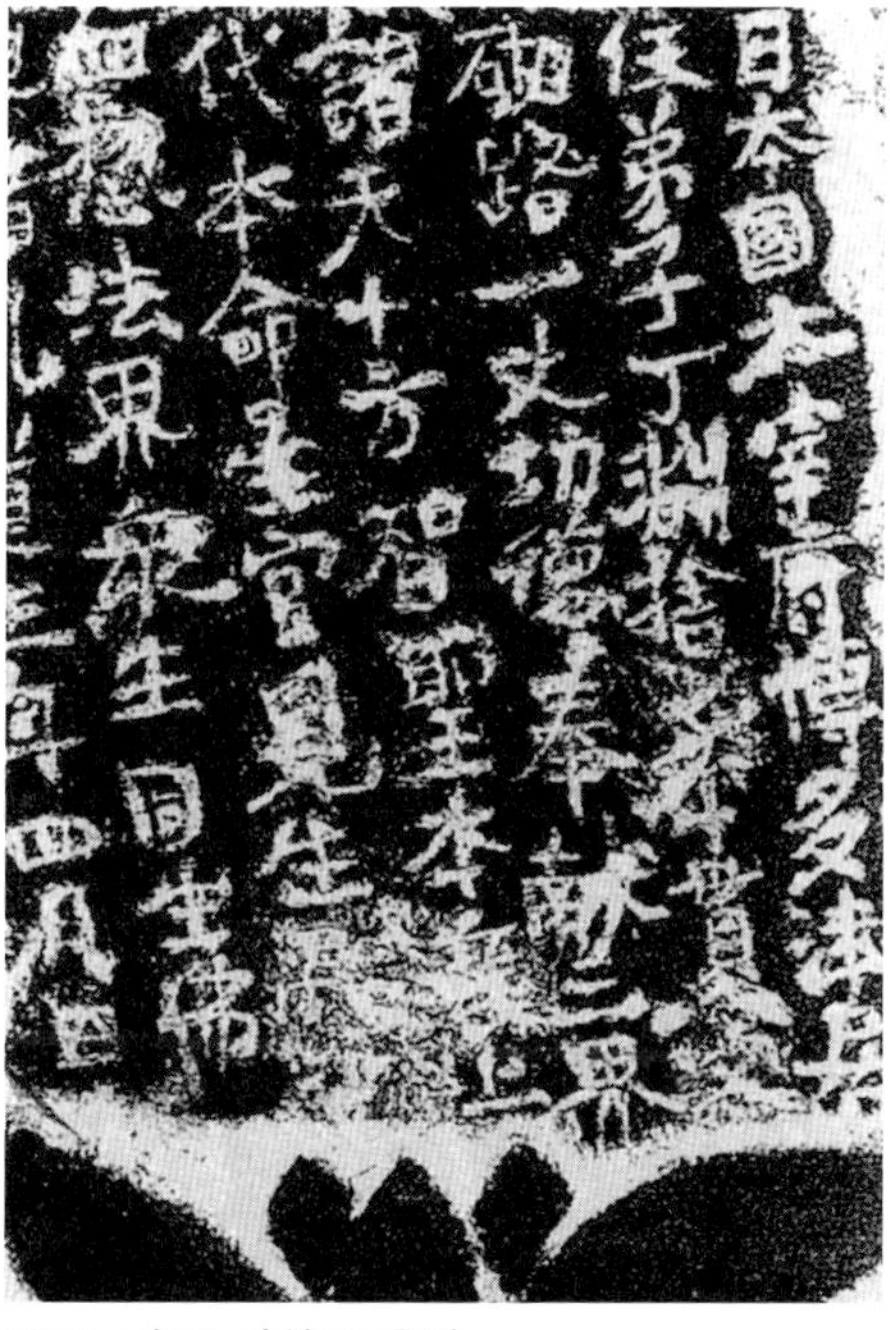

図23 ● 中国・寧波の三石碑
「日本国太宰府博多津居住」の丁淵ら宋商3人が道路工事費用を寄進したことが刻まれている。彼らの故国との結びつきを示す。

れば、この積荷に関わった貿易船の綱首は、戴某ではなく別の第三者で、戴某は副綱首などとして参加したのかもしれない。

おそらく、博多に居を構えた博多綱首は、自らが貿易を主催することもあれば、あるときはほかの綱首の下で操船スタッフとして渡海し、またあるときは複数の綱首で船団を組むなどして、ほかの綱首らと共存することで、日宋貿易を主導していたに違いない（図23）。

3　博多綱首の暮らしぶり

個人所有の優品

一八二七号遺構には、明らかに戴某自身が使うためにもち込んだ品々もあった。青白磁の灯《とう》火器《かき》、白磁《はくじ》褐彩《かっさい》の小盃・盃托（図24）などは、点数の少なさからみても商品とは考えがたい。天目茶碗《てんもくちゃわん》もその類いであろうか（図51参照）。博多遺跡群での天目茶碗の出土は、一二世紀前半には確実である。これは国内のほかの遺跡からの出土が一三世紀後半以降であることをみれば抜群に早い。この時期の天目茶碗が、博多での貿易を管掌したとされる大宰府においてもまったく出土していないことから、博多の宋人サロンで用いられた茶碗であったと推測できる。

一八二七号遺構出土の陶磁器は、碗・皿のほか、壺・水注《すいちゅう》・甕・鉢・盤《ばん》など、食膳に供されたものから貯蔵容器まで多岐にわたっていて、日用品のかなりな部分で中国陶磁器が用いられていたことがうかがわれる。

地下貯蔵庫と日常の生活雑器

一八二七号遺構の一一メートルほど北西からは、四隅に杭を立て、板壁を張った地下室状の土坑がみつかった（一五三九号遺構・図25）。杭の打ち込みは浅く、板壁を支える程度の役にしか立たないもので、この構造だけで地上の上屋を支えるのは無理であり、屋内に設けられた地下貯蔵庫と思われる。わずかに残った板壁の痕跡から、南壁一〇二×北壁九四×東壁一一四×西壁一一〇センチで、四隅にはこの内側に杭が立つから、前述した一辺一メートルの木箱は収納できない。

　ここから出土した遺物には、一八二七号遺構に廃棄された陶磁器と接合できるものが含まれていた。同時期の遺構であり、やはり戴家に関連した倉庫であろう。

図 24 ● **輸入品の灯火器と小盃・盃托**
これらは、1827 号遺構においてもわずかな点数しか出土しておらず、商品として輸入されたものとは考えにくい。戴某の身のまわりで愛用された品々だろう。

この土坑からは、国産の土器など、輸入陶磁器に偏らない遺物が出土しており、一八二七号遺構の遺物では知りえない戴家の日常の生活雑器を教えてくれる。

土師器《はじき》の皿や坏《つき》は、博多遺跡群全体をみわたしてもっとも一般的な遺物で、酒杯《しゅはい》や菜の盛り皿として日々の食膳に出された容器である（図54参照）。

そのほか煮炊きの器として、一八二七号遺構から滑石《かっせき》製《せい》石鍋が出土している。石鍋に関しても、宋からもたらされたとの指摘があるが、鴻臚館跡からの出土遺物に九世紀代の滑石製石鍋があり、すでに在地生産が定着した段階での石鍋として、国産遺物とみなしてよいだろう。

石権も出土している。滑石製で、頭には紐通しの穴があいている。秤のおもりであり、商品の計量に使われたものであろうか。石材は石鍋と同質で、長崎県西彼杵《にしそのぎ》郡あたりの滑石と考えられる。

一八二七号遺構には、炭化した麦が多量に捨てられていた。また、少量の米も出土している。短粒米と長粒米があり、脱穀したものとしていないものがともに含まれていた。もちろん食用に供されていたものであろう。

図25 ● 地下室状の土坑（1539号遺構）
地下貯蔵庫と考えられる遺構は少なくない。土蔵がなかった時代では、地上に建ちあげた板倉よりも、災害時に被災する確率が低かったのであろうか。

奥向きには日本人が

博多綱首は、文献史料上は福建省や浙江省など中国南方の出身者が多いようだが、米を主食とする地域であることを思うと、麦の出土量が米をはるかに凌駕している点は興味深い。

以上をまとめてみよう。博多津唐房に暮らした宋人らは中国製の陶磁器を用い、身のまわりの嗜好品には青白磁の小物などの精緻な優品を置いていた。一方、奥向きには日本産の石鍋や土師器皿などを使っていたことがわかる。宋人の家庭といえど、彼の妻をはじめ、奥向きの女性たちは日本人であったことは想像に難くない。図18でみたように、長治二年（一一〇五）に来航した李充の船員らはすべて男性であり、原則的に宋人女性は渡航してこなかったとみてよいだろう。したがって、唐房の生活を支える奥向きには、かなりの数の日本人が混じっていたと思われるのである。

4　陶磁器墨書から貿易をみる

墨書の内容

これまで、貿易や博多津唐房との関係から、中国人名と思われる墨書にのみ注目してきた。しかし、博多遺跡群から出土する陶磁器墨書は、これにとどまらず、多様な情報を知らせてくれる。ここで墨書について少しくわしくみておくことにしよう。

まず、墨書の内容を整理してみよう（図26）。

①「綱」銘墨書　中国人の姓名の後に「綱」という字を続けたり、「綱司」もしくはたんに「綱」と書くもの。

②人名墨書　中国人の姓や名を記したと思われるもの。姓と考えられる墨書は、八〇にもおよぶ。姓名を記したもので、文献史料と完全に一致するものは見当たらないが、謝国明の「謝」姓や張光安の「張」姓など、共通する姓は多い。「はこさき殿」（＝箱崎殿?）、「みつなか」（＝光仲、満仲など、あるいは光長、満長か?）、「今久丸」、「千義丸」など、日本人名の可能性がある墨書も稀にみられる。

③花押　花押のみを記したものと、人名などと組み合わせたものとがある。中国の研究者か

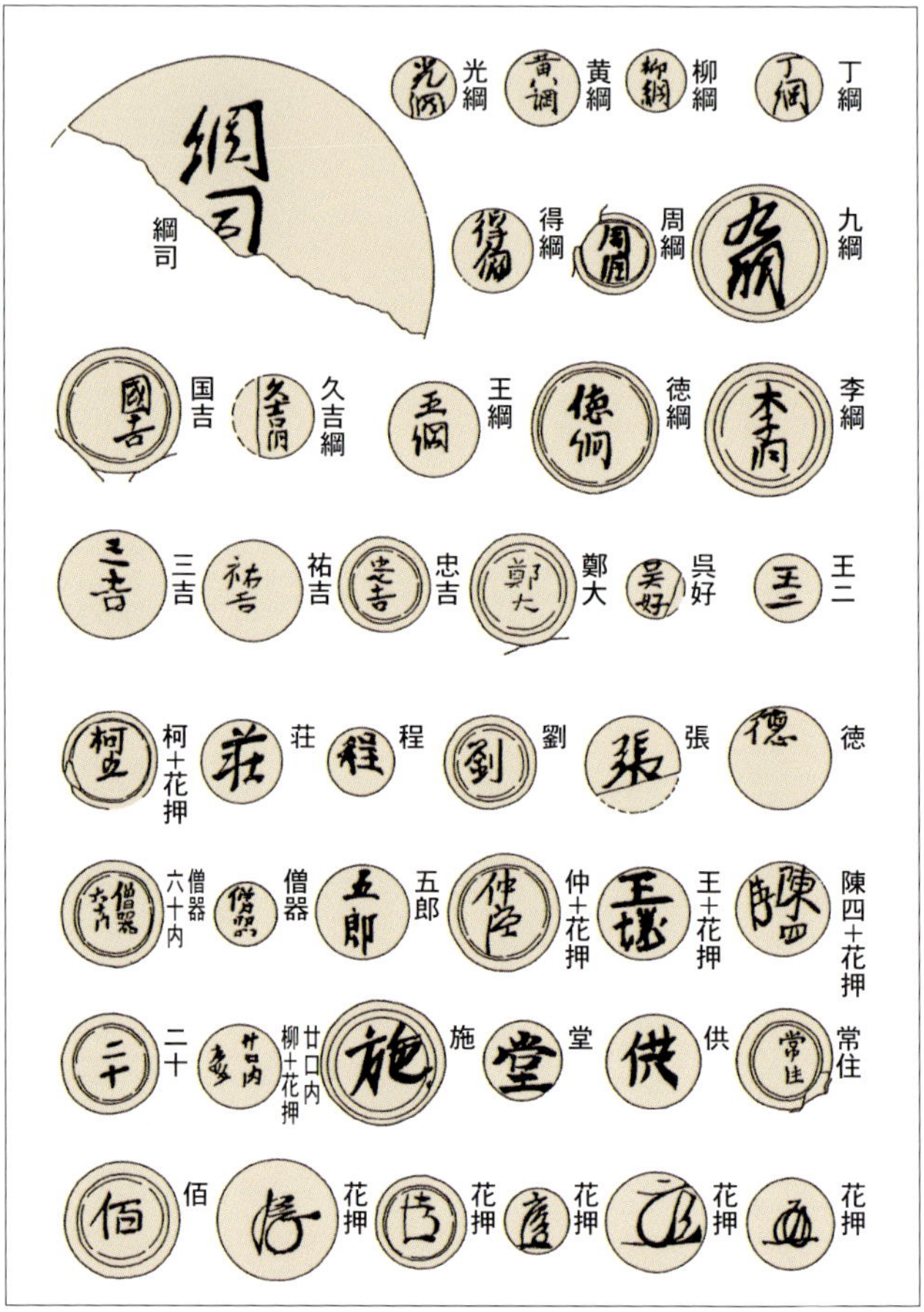

図 26 ● 墨書された内容
「綱」銘墨書、中国の姓を記したもの、花押を記したものなど、多様である。

ら「置」の崩し字体であるという説が出ていることは前述した。

④数字　漢数字のみを墨書したものと、これに碗や皿を数える単位である「口《く》」をつけ、「二十口内」などと書くものがある。

⑤用途を記したもの　「僧器」「そうき」は、寺社で僧侶が用いた器であろう。前項の「口内」をともなう数字と一緒に書かれていることが多く、僧侶用の器としてひとまとめに買い込まれた積荷に書かれたものと思われる。「寺」や「堂」の墨書も、寺院での用途に供されたものと思われる。

⑥漢字　人名以外の漢字墨書もしばしばみられる。墨書の意図を特定しかねるものもある。

⑦その他　以上のほかに仮名文字を記したもの、記号などがある。

積み荷の宛先を示す墨書・木簡

陶磁器に書かれた墨書は、一一世紀後半から一二世紀代のものが大多数を占める。一部一三世紀に下るものもみられるが量的には少ない。一五世紀代の陶磁器にはしばしば記号を記したものがみられるが、一二世紀代を中心とした墨書とはまったく意味が異なるだろう。

右の①〜③については、前述したとおりである。

中国の泉州で発見された南宋時代の沈没船からは、「綱」と墨書した陶磁器や「綱司」と書かれた木簡《もっかん》が出土した。一三二三年に中国の慶元《けいげん》（＝明州）を出港して韓国沖で遭難・沈没した新安沖《しんあんおき》沈没船では、「綱司私」＋花押、「八郎」＋花押、「東福寺公物」などと記した木簡が出土している（図27）。

これらの類例から、箱単位の積荷には木簡が結わいつけられ、さらに細かい梱包単位を識別するために陶磁器の底部に墨書が記されたものと考えられる。なお、「綱」や中国人の姓を書いた墨書は、鴻臚館出土の一一世紀前半の陶磁器にも少数ながら確認されている。同様の積載方法がとられていたことを示すものといえる。

墨書からわかる寺社の起源

⑤の「僧器」「寺」「堂」などの墨書は、一二世紀代にさかのぼって、博多に仏堂や僧侶が存在したことを示すものとして興味深い。博多においては、櫛田神社や東長寺のように古代にさかのぼる創建伝承をもつ寺社もあるが、文献史料的に確認できない。確実な寺社では、聖福寺が一二世紀末から一三世紀初頭、承天寺《しょうてんじ》の一三世紀中ごろが早い例であり、櫛田神社も一三世紀中ごろには存在したと思われる。

しかし、陶磁器の墨書からは、一二世紀代に寺院があったことは明らかであり、博多綱首らによって維持された仏堂が存在したことが推測されるのである。

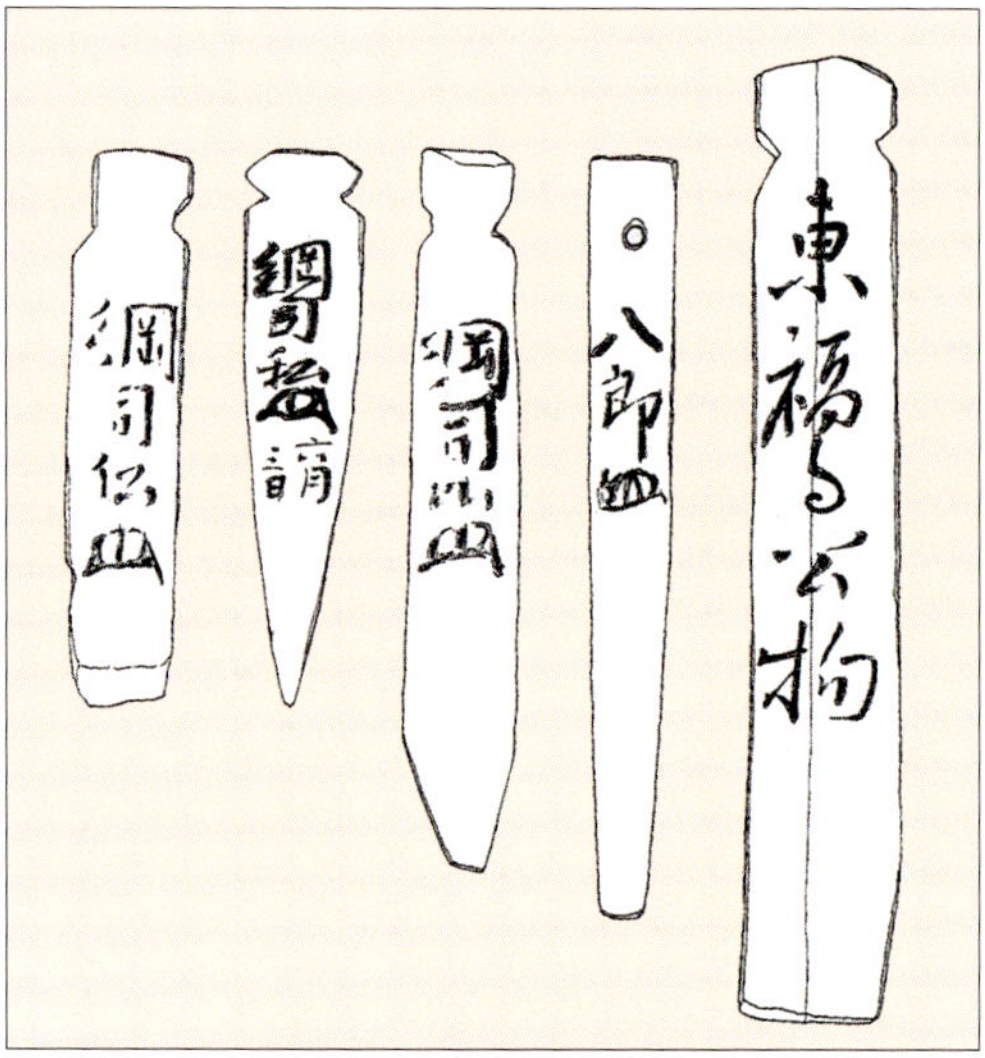

図27 ● 韓国沖の沈没船から出土した木簡
焼失した京都東福寺復興資金を得るために運航した貿易船と考えられる。東福寺関係の積荷は「公物」であり、綱首（綱司）には「私」と書き足されている。

第3章　激動する博多

1　元寇の襲来

宋の滅亡と「博多綱首」の消滅

博多綱首のもとで、都市博多は誕生した。港→唐房→日本人居住区、さらにその外縁に宋人墓地という配置は、一二世紀後半には早くも崩れ、宋人居住域が拡大し、日本人居住区での混住が進み、宋人墓地は都市域から押しだされていく。

一二世紀末から一三世紀初頭には、かつての墓地＝聖域であった場所に聖福寺が建立された。開山は禅宗を携えて宋から帰国した栄西であり、張国安や李宇ら博多綱首の後援があったと考えられている。一三世紀中ごろには、やはり宋から帰国した禅僧、円爾弁円《えんにべんねん》を迎え、承天寺《じょうてんじ》が開かれた（図29）。パトロンは、博多綱首であり、玄界灘に浮かぶ小呂島《おろのしま》の領主でもあった謝国明《しゃこくめい》（図28）である。

こうして、博多は宋商人の居住のもとで都市景観を充実させていったが、一三世紀後半、大きな転機を迎え、激動の時代へ突入する。本章ではその動向をざっとみておこう。

転換のきっかけは、一二七四年と一二八一年の二度にわたるモンゴル帝国の襲来である。中央アジアに興ったモンゴル帝国（元）が南宋を滅ぼすにいたって、宋商人はその故国を失うことになる。

図 28 ● 謝国明
謝国明を描いた肖像・木像は複数伝わっているが、同時代の像はない。

図 29 ● 承天寺方丈
承天寺を開いた円爾弁円には、うどん、饅頭、博多織などさまざまな技術を宋から輸入した説話がつきまとっている。史実のなかの円爾は、南宋の万寿寺で無準師範に師事し、帰国して承天寺・京都東福寺の開山となった。万寿寺が罹災したときには、謝国明にはかって、復興用の板 1000 枚を送っている。

博多に居住した中国人貿易商をさす博多綱首の呼称が文献史料から消えるのは一三世紀後半であり、南宋の滅亡とほぼ機を一にしている。

戦場となった博多

元は日本に入朝を求めたが、鎌倉幕府はこれを拒絶し、戦争状態に突入する。文献史料によると、文永《ぶんえい》一一年（一二七四）の一〇月、三万の兵を擁した元軍は朝鮮の月浦を出航し、対馬・壱岐を襲撃し、二〇日に博多湾に上陸した（図30）。日本軍は沿岸で激しい戦闘をくり広げ、元軍の内陸への侵攻は食い止めたが、一時、博多の町は占領されてしまう。すぐに元軍は撤退したが、この文永の役では、博多は兵火で焼失したという。

　文永の役を元軍の突然の撤収でしのいだ幕府は、九州の御家人に命じて博多湾岸に石塁を築き、元軍の上陸を阻む策をとった。この石塁は

図 30 ● **上陸した元軍兵**（「蒙古襲来絵詞」前巻より）
「蒙古襲来絵詞」は肥後（熊本県）の地方の絵師が描いたとされるが、彼には元の軍装に関する知識があったのだろうか。案外、海外についてのさまざまな情報が簡単に手に入ったのかもしれない。

現在も博多湾岸の各所に残っている。国指定史跡元寇防塁《げんこうぼうるい》がそれである（図31）。もちろん博多にも石塁が築かれていた（図44参照）。

弘安《こうあん》四年（一二八一）の弘安の役では、元・高麗軍と旧南宋軍の一四万の兵が侵攻してきたとされるが、石塁による上陸阻止と、おりからの台風で防ぎきることができた。

鎮西探題の設置

こうして元軍の侵攻を食い止めることはできたが、その後も元との戦争状態は続いていた。元の襲来を恐れた鎌倉幕府は、九州の御家人を統括し元に備えるため、博多に出先機関である鎮西探題《ちんぜいたんだい》を設置した。

弘安七年（一二八四）には明石行宗ら三名を、正応《しょうおう》六年（一二九三）には北条兼時《ほうじょうかねとき》・時家《ときいえ》を博多に派遣した。永仁《えいにん》四年（一二九六）には金沢実政《かなざわさねまさ》が鎮西探題に就任し下向、正安《しょうあん》二年（一三〇

図 31 ● 元寇防塁
元の襲来に対して、鎌倉幕府は博多湾岸に石塁を築くことで対抗した。石塁は現在も点々と残り、国の史跡指定を受け、整備・公開されている。

〇）には一番から三番の評定衆《ひょうじょうしゅう》が、さらにその下に引付衆《ひきつけしゅう》がおかれ、鎮西探題の機構が整備された。これにより博多は九州の政治・軍事の中心となったのである。

日元貿易

その一方、戦争状態にもかかわらず、元との貿易は続いていた。一時的に貿易は不安定となったが、一四世紀に入ると、フビライの後継者テムルのもとで元は方針を転換し、外交と貿易を分離して貿易振興を進め、日元貿易は盛況を呈する（図32）。

かつての博多綱首らは依然として対中国貿易の主役ではあったが、南宋の滅亡で故国を失った彼らを中国商人とよぶのは適当ではないだろう。彼らは日本商人として元に渡航することになる。博多商人の原型はここにあるといえる。しかし、元末の内乱による日元貿易の不安定化は、倭寇《わこう》の跳《ちょう》梁《りょう》を促すことになっていく。

元弘《げんこう》三年（一三三三）、鎌倉時代末期の動乱の

図32 ● **博多遺跡群から出土した元に関わる遺物**
元のフビライが制定したパスパ文字を使った遺物が博多遺跡群から出土している。上の２点はパスパ文字の印、下はパスパ文字が刻まれた銅銭。とくに、パスパ文字で「記」と記した指輪は、封泥に押印するためのもので、元の商人が直接博多に往来していたことを示す遺物といえよう。

なかで、鎮西探題・北条英時《ひでとき》は九州の有力守護である筑前の少弐貞経《しょうにさだつね》や豊後の大友貞宗《おおともさだむね》、薩摩の島津《しまづ》貞久《さだひさ》らにより攻められ滅ぼされてしまう。

その後、室町幕府を開いた足利尊氏は、九州統治のため鎮西探題にならって九州探題を博多におき、一門の一色範氏《いっしきのりうじ》を任じたが、少弐・大友ら九州の有力武士の支持はえられず、博多の政治的・軍事的求心力は失われた。正平《しょうへい》一六・康安《こうあん》元年（一三六一）には、九州は後醍醐天皇の皇子懐良親王《かねながしんのう》によって制圧されることになる。

2 日明貿易と博多商人

明の建国と日本国王良懐

一三六九年、元を倒して明《みん》を建国した朱元璋《しゅげんしょう》（洪武帝《こうぶてい》）は博多に遣使し、入朝を促した。日本に対するそれは、同時に猖獗《しょうけつ》をきわめた倭寇の鎮圧を要請する使節でもあった。

懐良親王は、いったんはこれを拒絶するが、翌年、再来した明使に対してはこれに応じ、倭寇の被虜人を返送するとともに遣使し、明に入朝した。洪武帝は、懐良を「日本国王良懐」として冊封《さくほう》するが、冊封使の到着を待たず、懐良親王は足利義満が派遣した九州探題今川了俊《いまがわりょうしゅん》に追われ、すでに博多を去っていた。

しかし、その後も明にとっての日本国王は「良懐」であり、一三八〇年代まで「日本国王良懐」を名のった遣使がたびたび明に渡航していた。おそらく今川了俊あるいは足利義満が派遣したものと考えられている。すなわち、博多にとっての日明貿易は、明の建国とほぼ時を同じくして始まったといえる。

朝貢貿易の裏で

応永《おうえい》八年（一四〇一）、「筑紫商客」肥富《こいつみ》の献言を入れた足利義満が第一回遣明使（正使祖阿《そあ》、副使肥富）を送って明に入朝し、建文帝《けんぶんてい》から「日本国王」に冊封されたことにより、朝貢貿易である日明貿易は始まった……。

これは、日明貿易に関する教科書的な理解である。このとき博多商人であったとされる肥富は、「大明より帰り、両国通信の利を陳」べたという。「日本国王良懐」を名のった遣使は一三九〇年代から絶えており、一四〇一年に肥富が明から帰国したとすれば、明は海禁政策で朝貢以外の通交は認めていないから、密貿易で渡航していたことになる。いずれにせよ足利義満による第一回遣明使

図33 ● **石見銀山の積み出し港・鞆ヶ浦**
神屋寿禎が開いたとされる石見銀山は、世界遺産に指定され、調査・研究が進められている。産出した銀は温泉津（ゆのつ）や鞆ヶ浦（ともがうら）などの港から積み出された。鞆ヶ浦には、写真奥の港の入り口の島に、神屋寿禎が勧請したという厳島神社がいまも残る。

以前に明との通商が続いていたことは間違いなく、日明貿易は、博多商人の存在を前提に開始されたことを、あらためて確認しておきたい。

さて、こうして博多商人が主導して開かれた日明貿易であったが、しだいに国内各地に貿易拠点が開かれるようになり、博多の貿易港としての独占性は相対的に薄らいでいた。とくに有力守護であり、室町幕府の要職にあった細川氏が堺商人と結んで日明貿易に乗りだし、四国の南側を経由する航路を開発すると、博多の優位性はさらに薄らいだ。

博多は、西国守護大名の雄である周防《すおう》の大内氏と結んでいたが、大内氏自体、朝鮮貿易においては対馬から門司に直行し博多に寄航しない航路を開くなど、自領の港・商人を優先する姿勢をみせている。

博多商人の活躍

一方、博多には中国からの流民がふきだまり、日本人と共謀して朝鮮に倭寇を働くなど、無国籍な、かつ旺盛な海民の活躍がみられたのである。

博多商人らは、対外貿易のみではなく、国内産業の開発にも積極的であった。日明貿易商人であった神屋寿禎《かみやじゅてい》は石見銀山を発見したことで知られるが、そもそもは出雲の鷺銅山《さぎどうざん》を訪れた帰りであり、石見銀山に対しては朝鮮の先進技術である灰吹き法を導入して増産を実現したとされる（図33）。灰吹き法はその後、全国の鉱山に普及していく。

第4章　博多町割の形成

1　土地をつくる

鎮西探題の計画か

博多津唐房をきっかけに成立した都市博多は、鎌倉時代から室町時代にかけて急速に発展し、建物が軒をつらねる都市空間へと発展していく。本章では、その様子を土地、道路、町割からみていこう。

博多遺跡群の発掘調査からは、一四世紀初頭を前後する時期に、道路網が整備されたことが明らかになっている。この道路整備によって、ふぞろいではあるが長方形の街区がつくられた。この街区は、戦国時代末まで、中世都市博多の骨格として維持されることになる。

この街路整備を誰が、いつおこなったのか、文献史料にはまったく記録がみあたらない。しかし前章でみたように、室町時代になって九州の政治機構としておかれた九州探題には博多を復興整備する力はなく、博多の街路整備は鎌倉時代の鎮西探題によって計画され、実行されたとみるべきだろう。

砂から土へ

第2章でふれたように、博多遺跡群の基盤地形は、博多湾岸に形成された砂丘であった。古墳時代以前の遺構は、この自然砂層の上面でみつかっている。奈良時代の竪穴住居跡や掘立柱建物跡など古代の遺構は、自然砂層の上に乗った暗褐色砂層に掘り込まれている。砂丘上にたまった腐植土や日々の暮らしによって、砂丘の成長が妨げられてできた土壌であろう。一一世紀後半、博多津唐房初期の遺構までは、この暗褐色砂層でみつかることが多い。

ところが、一二世紀後半になると、様相は一変する。壌土質でしまりのゆるい土が堆積し、遺構はそのなかに営まれるのである(図34)。土のな

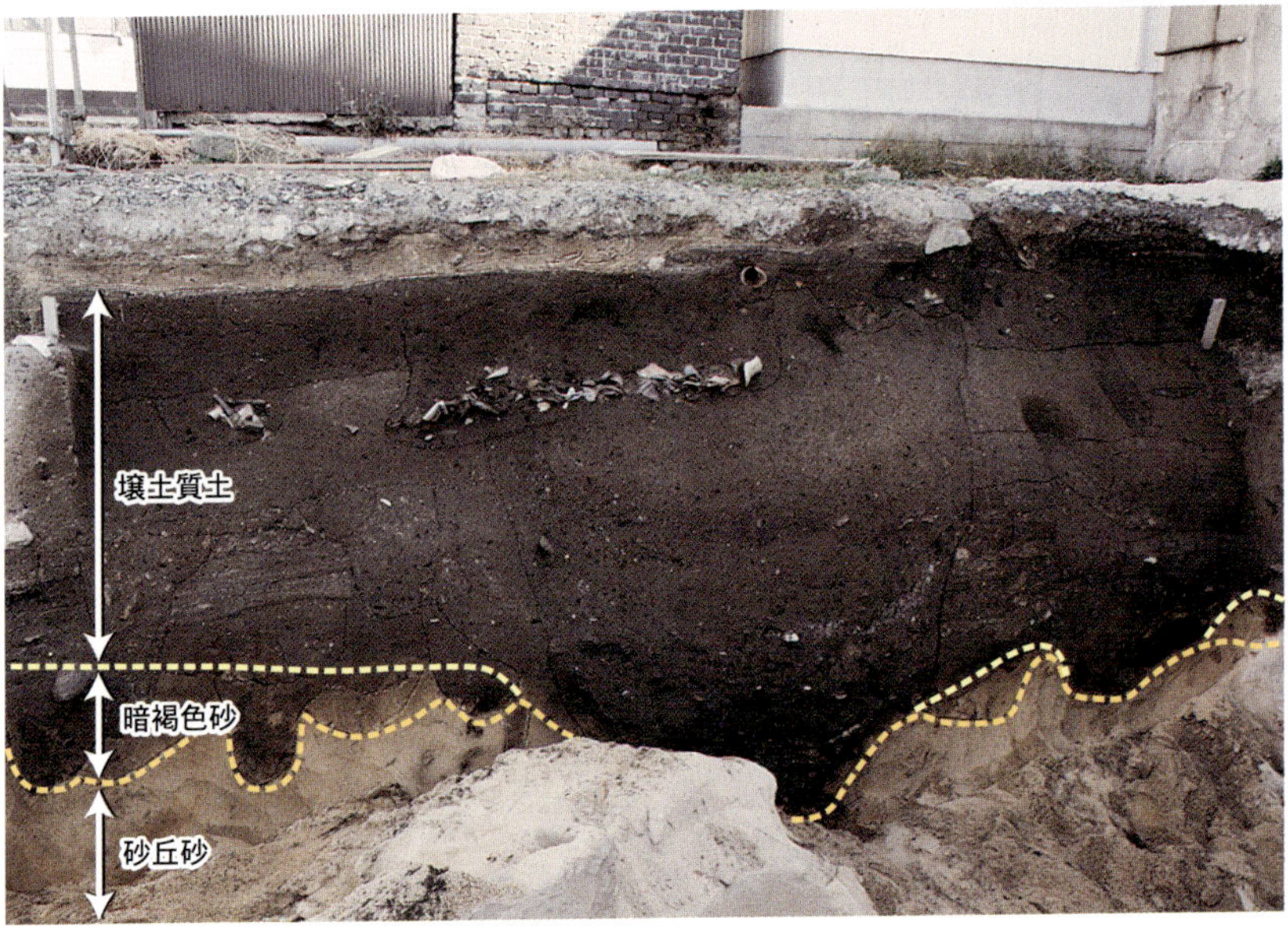

図34 ● 12世紀後半の博多浜の土壌
最下層の色がうすいところが自然の砂丘面である砂層で、その上にしだいにしまりのない壌土質の土が堆積している。砂丘上にたまった腐植土や人の生活によってできた層である。

かには焼土粒や炭粒がまじり、骨片なども散見されるようになる。おそらく活発な都市生活の下で生活残滓や腐植土が堆積し土壌化した結果であろう。以後、中世をつうじてこの状況は変わらない。

また、火事などの災害復旧に際しては、火事場を埋め込んで均したようで、かさ上げをくり返した分厚い層ができあがっている。そのため広範囲に整地した層などというものは存在せず、遺構を層序的に把握するという考古学ではもっとも基本的な作業を困難にしている。

寺院の大規模な整地

もっとも、例外的に明瞭な整地した層がみつかる場合もある。すべてについてそういえるわけではないが、寺院などの敷地で顕著にみられるようだ。つまり、組織的かつ大規模な整地を必要とする状況があり、それを可能にする経済力が備わっていた場合である。

図 35 ● 聖福寺近くの発掘調査でみつかった整地層
整地して平らになった層が幾重にも重複している。白い粘土による整地面に焼けている様子が見受けられるのは火災によるもの。この粘土は他所からもってきたものである。

現在の聖福寺境内の北側にあたる調査地点を例にとって、くわしくみてみよう（図35）。一二世紀後半以前、このあたりは博多浜の砂丘の縁辺にあたり、砂丘地形の高まりと小砂丘間のくぼ地が入り組んでいた。

砂丘上は、土葬墓が営まれたり経塚が埋められたりと、聖福寺に先行した百堂と同様に、仏地として聖域化されていた可能性がある。一方、くぼ地部分は生活に利用されることはなく、砂が堆積し、しだいに埋まりつつあった。くぼ地の一部には溝が掘られ、解体された牛の骨などが捨てられていた。都市の周縁としての性格を色濃くうかがうことができよう。

一三世紀前半ごろになって、この一帯は埋め立てられる。自然堆積による砂質土とは異なり、砂に粘土や有機物がまじった壌土質の土がおかれ、灰白色の粘土が貼られている。いうまでもなく、砂丘上には粘土は存在しない。どこからか運んできたものであり、組織的な埋め立てであることはまちがいない。

文献史料に埋め立ての記録はみあたらないが、埋め立ての時期が聖福寺の創建と近いこと、調査地点が現在の史跡聖福寺境内にほとんど接していることから、聖福寺に関係した地業であった可能性が高い。創建当時の聖福寺の寺域・規模はまったく不明であるが、博多綱首らの保護のもとで栄西を開山として造営されたこと、その後の博多における禅宗の興隆を考えれば、聖福寺創建あるいはその拡充のなかで埋め立てられたといえよう。

その後もしばしば地業はおこなわれている。発掘調査の土層観察にもとづいて整理すると、地業のきっかけとしては、火災が多いようである。火災にあうと、それまでの地表面、すなわち先行する整地土の上面が被熱する。土層断面では、灰白色の均質な粘土層上面が、暗褐色から赤色へとしだいに度合いを強めて赤味を帯びていく。

火災後の復興に際しては、まず地均しをする。被災した木材や家財道具などは当然もち去って廃棄または再利用するわけだが、基本的に焼け跡は均し、焼け土をすきとったりはしないようだ。その結果、焼土粒や炭粒が多く混じった赤褐色土層ができる。そしてその上に土をかぶせ均一におおった後、ふたたび粘土を貼るのである。この粘土層上面が、復興後の新たな生活面となり、建物などが営まれている。

さて、聖福寺北側の調査では、いくつかの地点で時代が下ると粘土貼りの整地がみられなくなる。それらの地点では、礎石建物から零細な掘立柱建物に変化する状況も確認されており、寺院敷地から町家へと推移したことが想定され

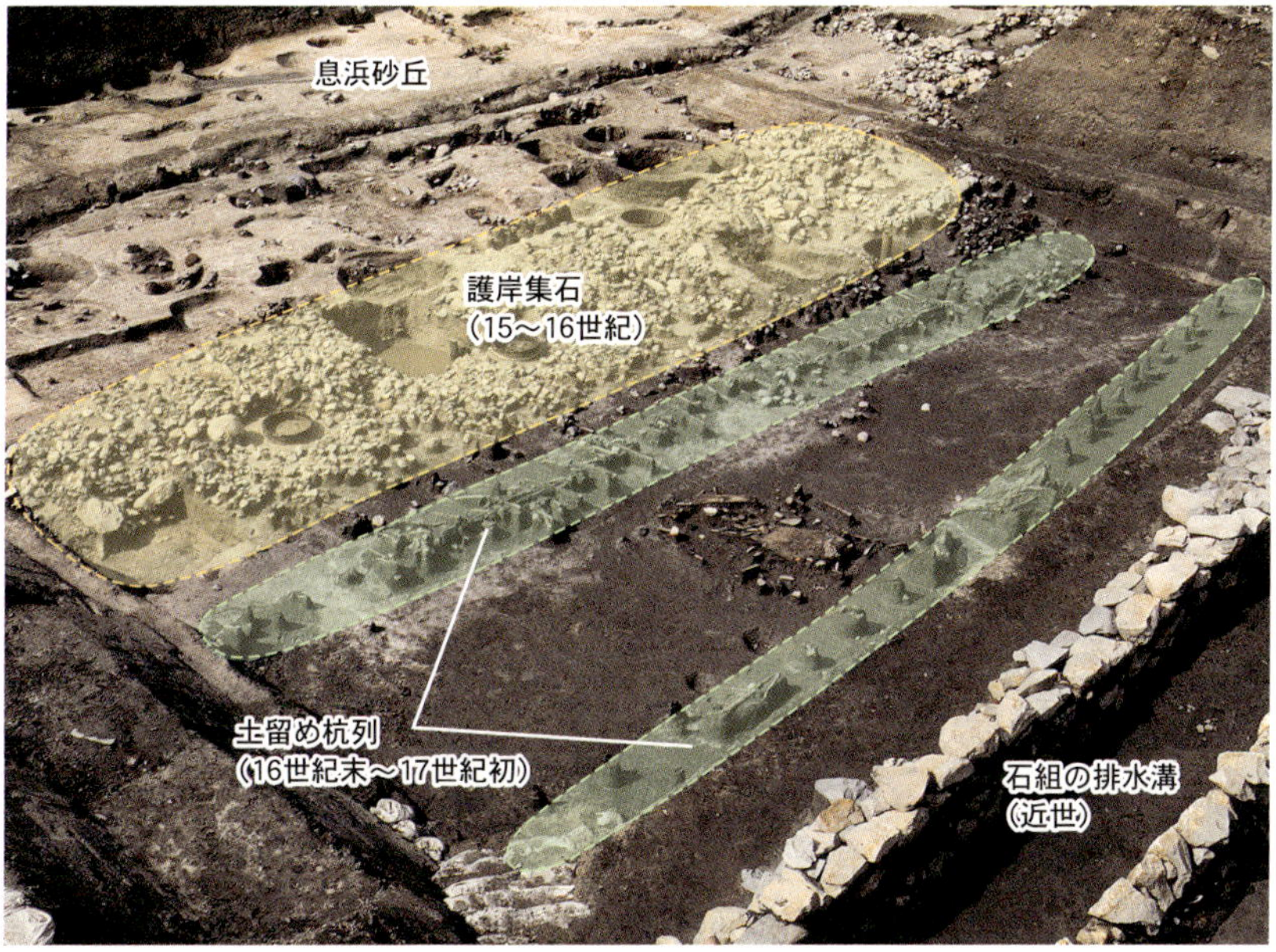

図36 ● 息浜西端付近での埋め立て工事跡
写真中ほどを右上から左下へ、護岸の集石、埋め立ての土留め杭列が出土している。写真右下の一段高いところの石組の排水溝は近世につくられたもの。

る。大規模な粘土貼り整地の消滅は、遺構を営んだ主体のちがいを反映しているといえる。

湿地の埋め立て

博多浜と息浜の間の低地の埋め立ては、これとはちがった意味で大規模な地業であった。この部分は、古墳時代ごろまでは南西から北東に河川が流れていた。おそらくは、博多浜の西側にあった入江の出口が、息浜の砂丘と博多浜の間を北上し、博多湾に注いでいたのであろう。この当時の息浜は、まだ海面ぎりぎりに頭をのぞかせた程度の低く平らな砂嘴《さし》であったと考えられる。

その後、河川はその出口を西に変え、その結果、息浜の陸地化が急速に進行するとともに、息浜の背後の旧河道には砂が堆積し湿地化していく。一二世紀初頭にその一部を埋め立て、息浜と博多浜は陸橋でつながったのである。その後、低地の埋め立ては博多浜側と息浜側の両岸から徐々に進行

図 37 ● 網代を用いた湿地の埋め立て遺構
網代と板材、杭を組み合わせて埋め立てする区画をつくり、そこに土砂を落とし込んでいったようだ。

したが、完全に埋め立てられて陸地化したのは、近世初頭のことであった（図36）。

一三世紀代にこの湿地を埋め立てた遺構が、第九〇次調査でみつかっている（図37）。工程のはっきりしない部分もあるが、網代に組んだ板壁を木杭で支えて立て、その内側に泥を沈めて埋め立てたようだ。ここでは粘質土などはまったくみられない。

こうしてつくりだされた生活面は、湿気が抜けずおそらくかなり柔らかいままであったろう。すぐ近くの第四〇次調査で、この埋め立て土壌につくられた道路がみつかっているが、雨が降ればズブズブにぬかるむような劣悪な地面であった（図38）。道路には、板を立てた側溝が厳重につくられていたが、いかに排水をはかっても、晴天時はよいとして雨天時にはほとんど効果はなかっただろう。

とはいえ、ブロックごとに仕切りを立てて埋め立てを重ねる工法は、労

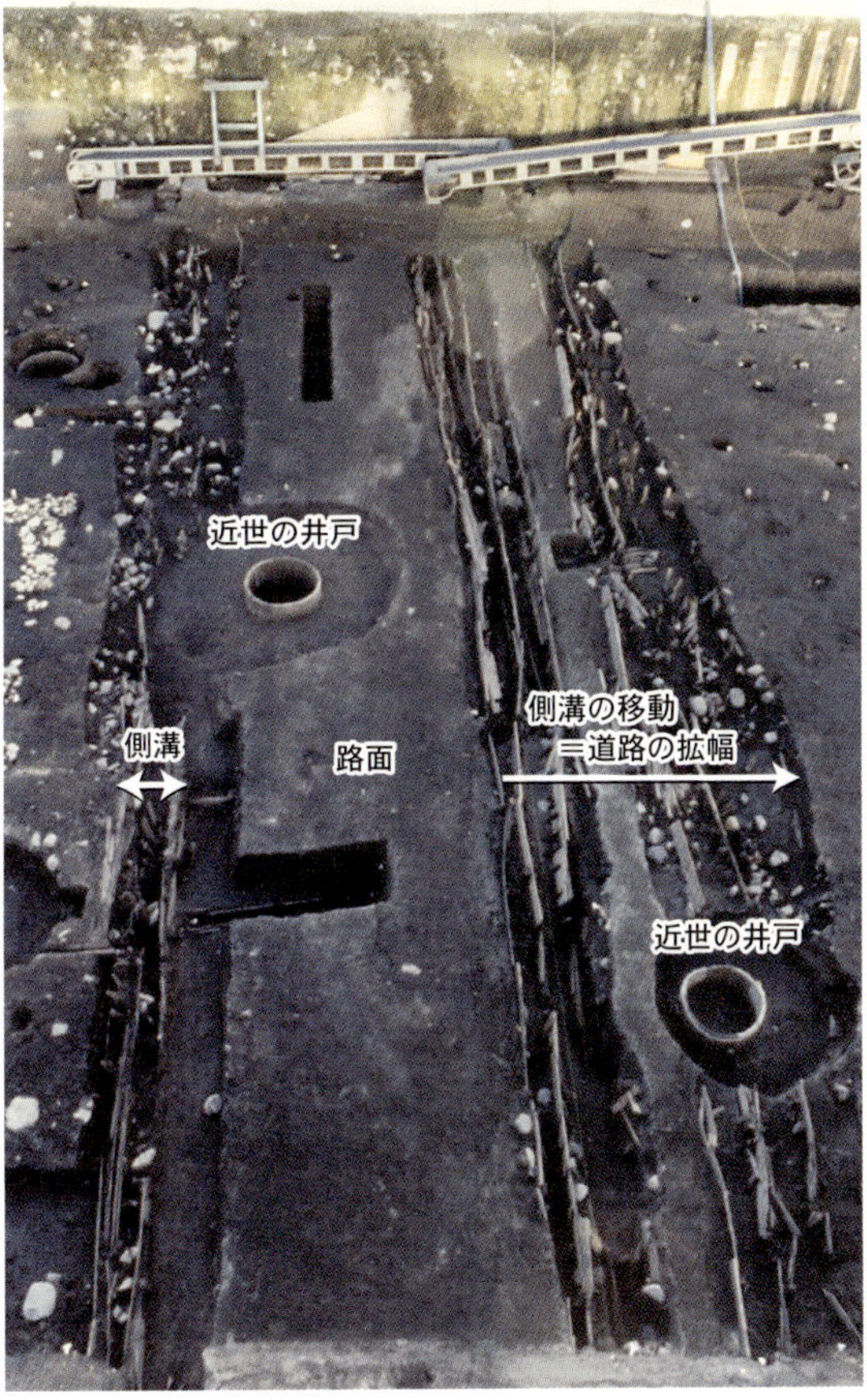

図38 ● **ズブズブのぬかるんだ路面**
幾重にも板で補修された側溝で排水をはかった道路だが、路面の土は周囲の埋め立て地の土と同質の泥土である。

力としては大きく、けっして一世帯程度の人数でできるものではなかろう。誰が主導した地業か、それを示す文献史料はまったくないが、少なくともマチ単位での積極的なとり組みがあったにちがいない。

2　道路をつくる

硬い土の道、土器や陶磁器の砕片を敷いた道

博多遺跡群では、これまでの発掘調査で一〇筋以上の道路遺構がみつかっている。道路のつくり方はさまざまで一様ではないが、博多遺跡群でもっとも一般的な道路は、粗い砂質土を敷いた路面をもつもので、大概の場合、簡単な側溝をともなう（図39）。路面には粘質土が混ぜ込まれているようで、表面は硬くしまっている。町場の整地とともに道路もかさ上げされており、重層的な路面が道路地業の頻繁さを物語っている。

路面に土器や陶磁器の砕片を敷いて簡易舗装したところもあった（図40）。指先ほどの大きさの陶磁器片が路面の砂質土の上面にばら撒かれているもので、整然と敷き詰めたわけではないが、表面にのみ比較的密にしかも重なり合うことなく出土していることから、舗装を意図したものとみてまちがいないであろう。

一例のみだが、瓦敷き道路も出土している（図41）。瓦敷きは、重層した路面に共通した舗装ではないので一時的な工夫とみるべきであろう。

図 39 ● **しまった砂質の路面**
粗い砂質土を敷きかため、両側に簡単な側溝を設けている。
右はその断面写真。砂質土が累積しているのがわかる。

図 40 ● **土器・陶磁器破片で舗装された路面**
土器や陶磁器の砕片を敷いて、簡易舗装している。
右は路面の拡大写真。整然と敷き詰めてはいない。

側溝での排水の工夫

先にふれたように、第四〇次調査地点でみつかった道路は、路面を硬化させるための方策はまったくなされていない。低湿地を埋め立てたズブズブな整地層につくられた道路であり、砂質土や陶磁器・瓦を敷いた程度の路面では、なんら効果はえられなかったにちがいない。しかし、そのぶん排水への配慮はなされている。

道路の排水は側溝でおこなうが、側溝は必ずしもあるとは限らない。大概の道路に掘られているようだが、まれにみあたらない場合もある。幅二〇センチ程度の浅い素掘り溝の場合もあれば、厳重に板で土留めしたものもある。

じつにさまざまというわけだが、聖福寺や承天寺の前面を通って息浜に続くメインストリートでは、側溝がていねいにつくられていた。また、低湿地の埋め立て土の上につくられた第四〇次調査の道路では、板を立てて杭でおさえた側溝が補修をくり返しながら掘られていた（図38参照）。主要道路や土壙的に水気が抜けない道路では、かなり排水に気を使っていたものといえよう。

一見共通性のない道路群であるが、これらが組み合わされることによって、全体として長方形の街区を形成することになる。つぎに、その街区をみてみよう。

図41 ● 瓦破片で舗装された路面
ふぞろいな瓦片を平らに敷きつめて路面をつくっている。下駄の鳴る音が聞こえてくるような路面である。

3　博多町割の世界

博多浜のメインストリート

一三世紀以降、息浜は急速に都市化し、南北朝期には港湾としての機能を備える。博多浜と息浜のふたつの町場（図42）は、先に湿地の埋め立てでふれたように、一二世紀初頭には陸橋状につながる。博多のメインストリートは、この陸橋を渡って博多浜と息浜を結んでいた。

そして博多浜では、メインストリートを軸として、ふぞろいではあるが長方形の街区が形成された。街路は、メインストリートに並行する縦筋を横筋で結んでいた。それぞれの道路の方向は、微地形や従来の土地区画に左右されたようで、正確にはまちまちの方位をとっている。

博多に入る道

博多に入る道は、少なくとも二カ所あった（図43）。ひとつは、東の箱崎方面から松原を抜けてきた道と、南の大宰府方面から水城の東門を抜けて北上してきた道が合流し、承天寺の南東側から博多浜に入るもので、「松原口」という。もうひとつは、西の住吉神社方面から博多の南辺にそって流れる旧比恵川を渡り、博多浜の西端に出るもので、櫛田神社に西接する浜辺に至ることから「櫛田浜口」といった。

松原口を入ったあたりが辻堂で、承天寺の築地沿いに北に折れると、博多浜のメインストリートとなる。メインストリートの東側には、承天寺・聖福寺の二大禅刹《ぜんさつ》が並んでいた。聖福寺の勅使門の前からは博多浜西辺の櫛田神社にいたる道が、一直線に延びていた。この道は、一三世紀中ごろにはすでに通っていた、町割以前から存在した道路である。一方、メインストリートを北上すると、やがて下り坂となり、陸橋を渡って息浜に上がっていく。

元寇防塁にそった息浜の町並み

息浜では、これまでの調査で三本の道路しか確認されていない（図42）。息浜の西端近くでおこなわれた第一六五次調査では、一二

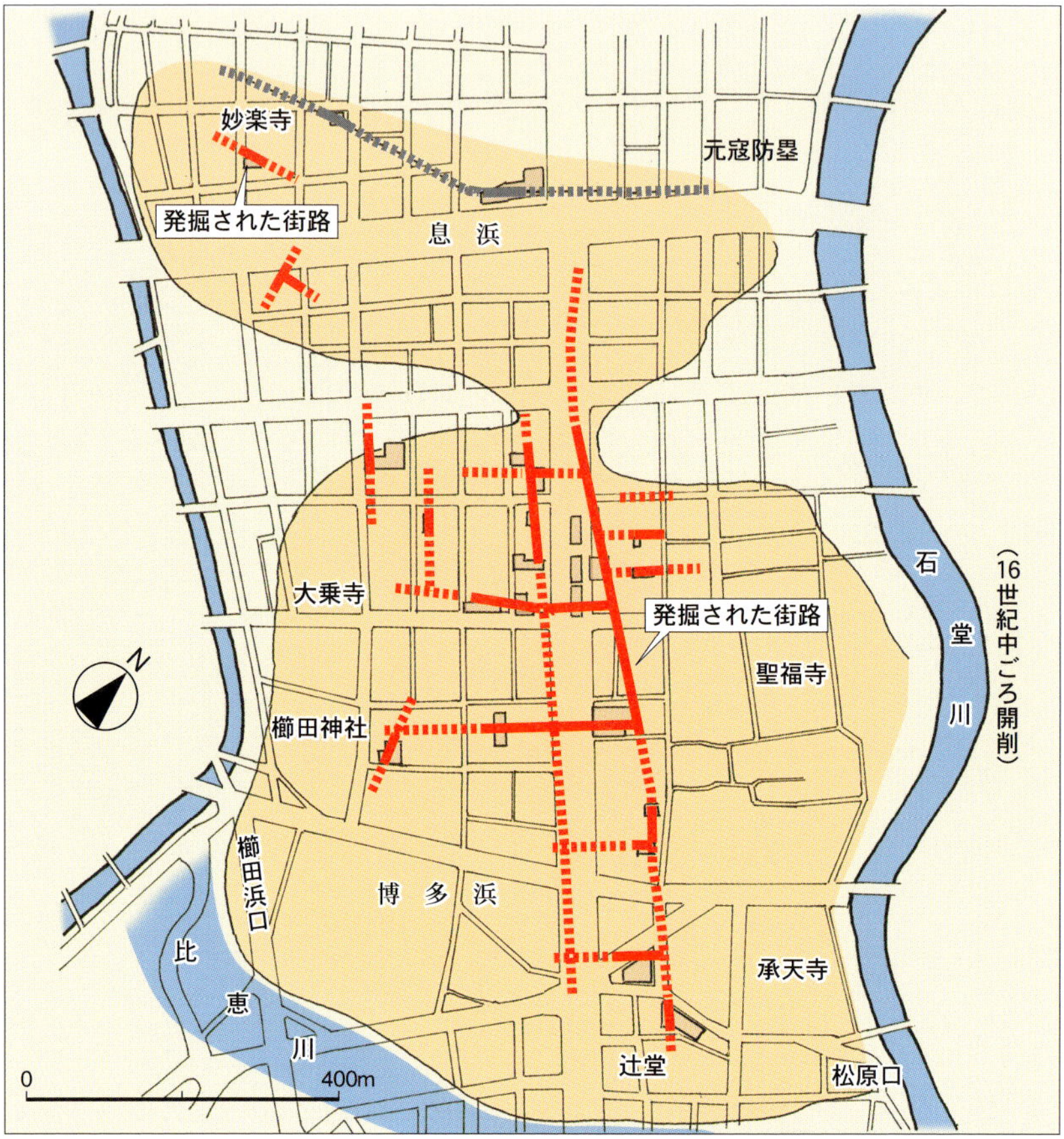

図 42 ● 中世博多の街路と街区
赤い実線は発掘調査から存在が確認できた道路、破線は推定復原できる道路である。

世紀後半〜一三世紀前半につくられた道路がみつかった。これは博多遺跡群のなかではもっとも古い道路だが、当時、息浜は都市化が始まったばかりの段階であり、その位置づけについては、周辺での調査例の増加を待って判断する必要があろう。

　いずれにせよ、いまだ街区を復元するにはいたっていないのであるが、建物遺構や区画溝の方向性をみると、砂丘の尾根線を基準としているようである。おそらく、博多浜から進んできたメインストリートは、息

図 43 ● 中世博多の復元図
図 42 をもとに、想定をまじえて復元した、14 世紀前半〜 15 世紀ごろの景観。息浜の前面には石築地（元寇防塁）が連なり、博多の別名である「石城府」の起源となっていた。

浜でT字路に突き当たり、息浜の町場の軸線は、砂丘地形にそって元寇防塁に並行していたものと思われる。

元寇防塁が構築されたころは、息浜はまだ新開地であったが、その後も長く博多の北辺を画すことになる。朝鮮側の史料に、博多の別名として「石城府」という表記がみえるが、防塁にちなむことはいうまでもなかろう。

発掘調査の成果をみても、一五世紀後半をすぎないと遺構は防塁の外側に進出していない（図44）。息浜の西端である須崎には、元寇防塁を背にして、石城山という山号をもつ妙楽寺《みょうらくじ》があった。妙楽寺の呑碧楼《どんぺきろう》・対潮楼《たいちょうろう》には、元や高麗、明や朝鮮から来朝した使節が登楼し、妙楽寺の僧らと交歓、詩文を交わしたことが知られている。

須崎の砂丘内側からは、船着き場状の小規模な石敷き遺構がみつかっており、中世後半期の湊《みなと》が息浜西端付近におかれていたことは想像に難くない。

図44 ● 息浜の元寇防塁遺構
すでにかなり崩されていて遺存状態は良くない。博多では15世紀ごろから石造りの遺構が増加しているが、石塁の石を抜いて使用したようで、石塁は急速に姿を消していく。

4　博多の町並み

街区の内側

つぎに街区の内側をさぐってみよう。博多遺跡群では遺構の重複が激しく、建物の抽出が難しい。具体的な建物配置や土地利用を知ることはできないが、いくつかの手がかりから、少し大胆に復元してみよう。

図45は、メインストリートにそった調査地点が比較的集中した街区の、一四世紀初頭と一五世紀後半以降の遺構を比較したものである。一見して様変わりしていることがわかる。一四世紀初頭の町並みは、街路にそって点々と建物が建てられていて規則性は認めにくい。

これに対し、一五世紀後半以降では、街区にむかって、狭い間隔で柱穴や礎石が並行して並んでいる。柱穴や礎石の列は、街区の奥まで続いているようである。この状況を、街路にむかって間口が狭く奥行きが長い建物が並んだ「短冊型地割」と考えたい。

さらに、街路より少し奥まった街区の真ん中付近に注目しよう。このあたりは、一四世紀ごろには五輪塔をともなった集石墓が集まり、墳墓堂と思われる小型の礎石建物が建てられていた（図46）。また、集石墓エリア以外には、井戸が掘られていた。街路ぞいに井戸はないから、街区の共同井戸と思われる。集石墓も共同墓地であろう。共同井戸、共同墓地を前提とすれば、ひとつの街区がひとつの町であったと考えるのが妥当だろう。

これに対して、一五世紀後半以後の短冊型地割では、井戸はおおむね地割りそれぞれにある。

短冊型地割が街路に面して並ぶ景観は、京都の町屋のような近世の町のあり方と共通するものであり、街路に面した両側の家々が町を構成する両側町を想定することが可能である。一五世紀後半は、町組織にとっても画期であったと思われる。

道路の維持と補修

さて、ここで街区を形成した道路の維持と補修について、第四〇次調査地点を例に考えてみよう。第四〇次調査地点に道路がつくられたのは、一四世紀初頭である。ここは、一三世紀後半の埋め立てによって地盤がつくりだされていた。

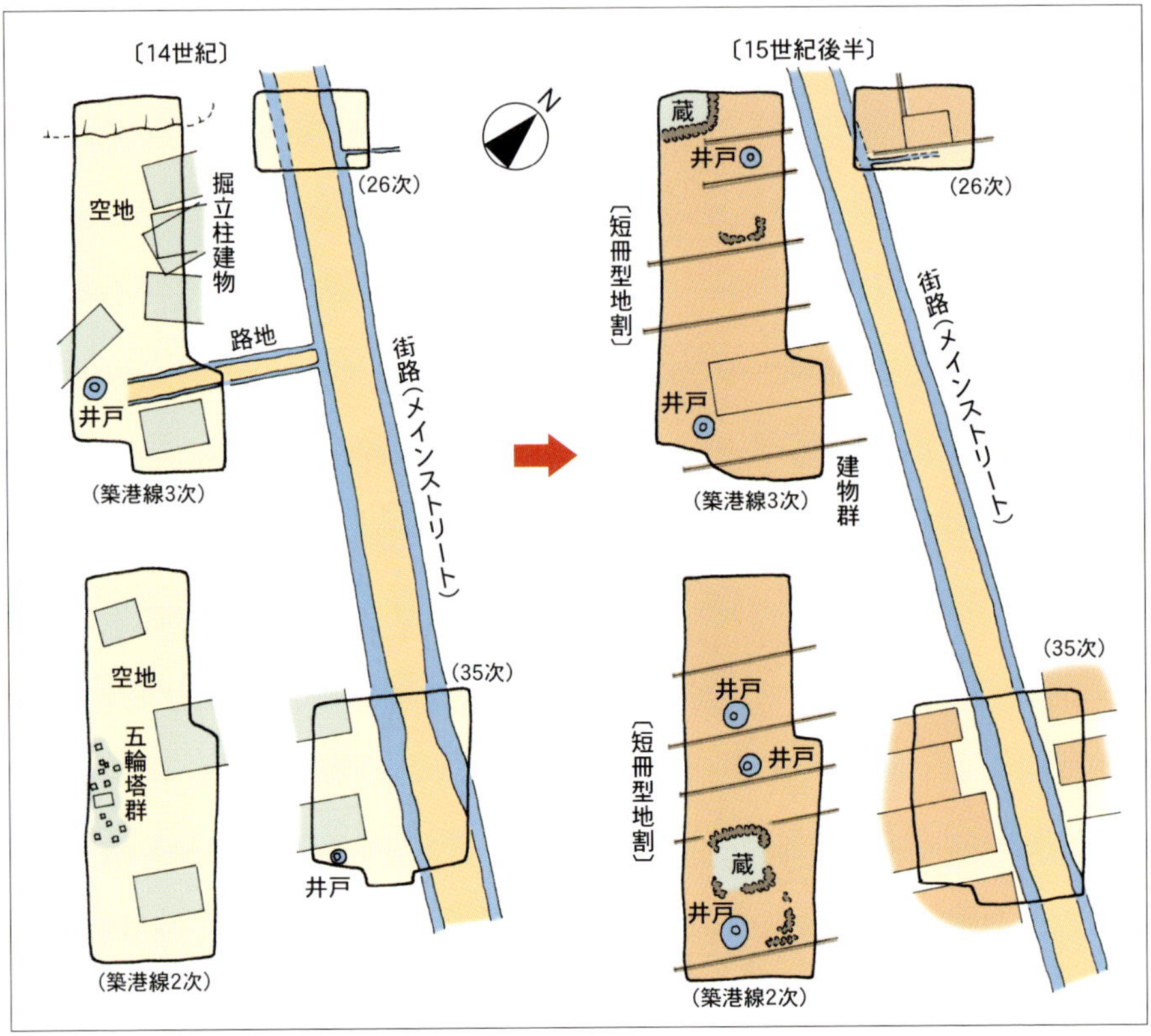

図 45 ● 中世博多の街路と街区
14 世紀初頭の道路建設によって形成された長方形の街区だが、街路に面して間口が狭い家並みが連なる短冊型地割は 15 世紀後半に出現した。

当初、道幅は四メートルにすぎなかった。やがて北側に拡幅し、幅六メートルの道路となる。拡幅した時期は明らかではないが、比較的早い段階だったと思われる。その後は、この道路が維持されていくことになる。その維持には、ひとつの法則が見受けられる。すなわち、側溝の掘りなおしと、道路自体の再構築である（図47）。

側溝をよく観察すると、ある特徴に気づく。側板は、表側に杭を打って倒れを防ぐ。したがって、側溝の両側の壁は、内側に杭を打った板が向かい合っていたはずである。実際向かい合った板壁が確認されたが、それはつねに溝の道路側の側壁にそって残っていた。そして家地側には杭だけが立ち並んでいた。

ここからは、側溝の板がとりのぞかれたことで溝が埋まっていき、排水できなくなると溝を掘りなおすといった状況がくり返されたことがうかがわれる。溝を掘りなおすときには、つねに道路側

図46 ● 街路より奥まったところの集石墓群（部分写真）
一件雑然と散らばっている礫群は、子細にみると、四角く敷き詰められた集石群の集合と重複であることに気づく。集石の所々には五輪塔の基礎が残っていて、墓であったことを示している。

に食い込むかたちになったため、最終的には板壁が向かい合った側溝が一番道路寄りに残ることになる。つまり道幅はしだいに狭くなっていく。

そして、ある程度まで狭くなると、一気に幅広くつくりなおしている。発掘調査では一六世紀代の第一面から一四世紀代の第三面まで道路がみつかっているが、この間、これをくり返しているのである。

メインストリートを調査した第三五次調査では、道路側溝の位置と方位のぶれが指摘されている(図48)。仮にメインストリートが側溝の方位にそった文字どおりの直線道路であったとすると、道路の維持どころか、まったく別の道路をつくったといわんばかりに、異なる方向に進むことになってしまう。

しかし、周辺や同じメインストリートを発見した調査の結果を総合すると、道路は部分的にはぶれながらも元にもどり、結局、一本の同じ道路であったことが判明している。

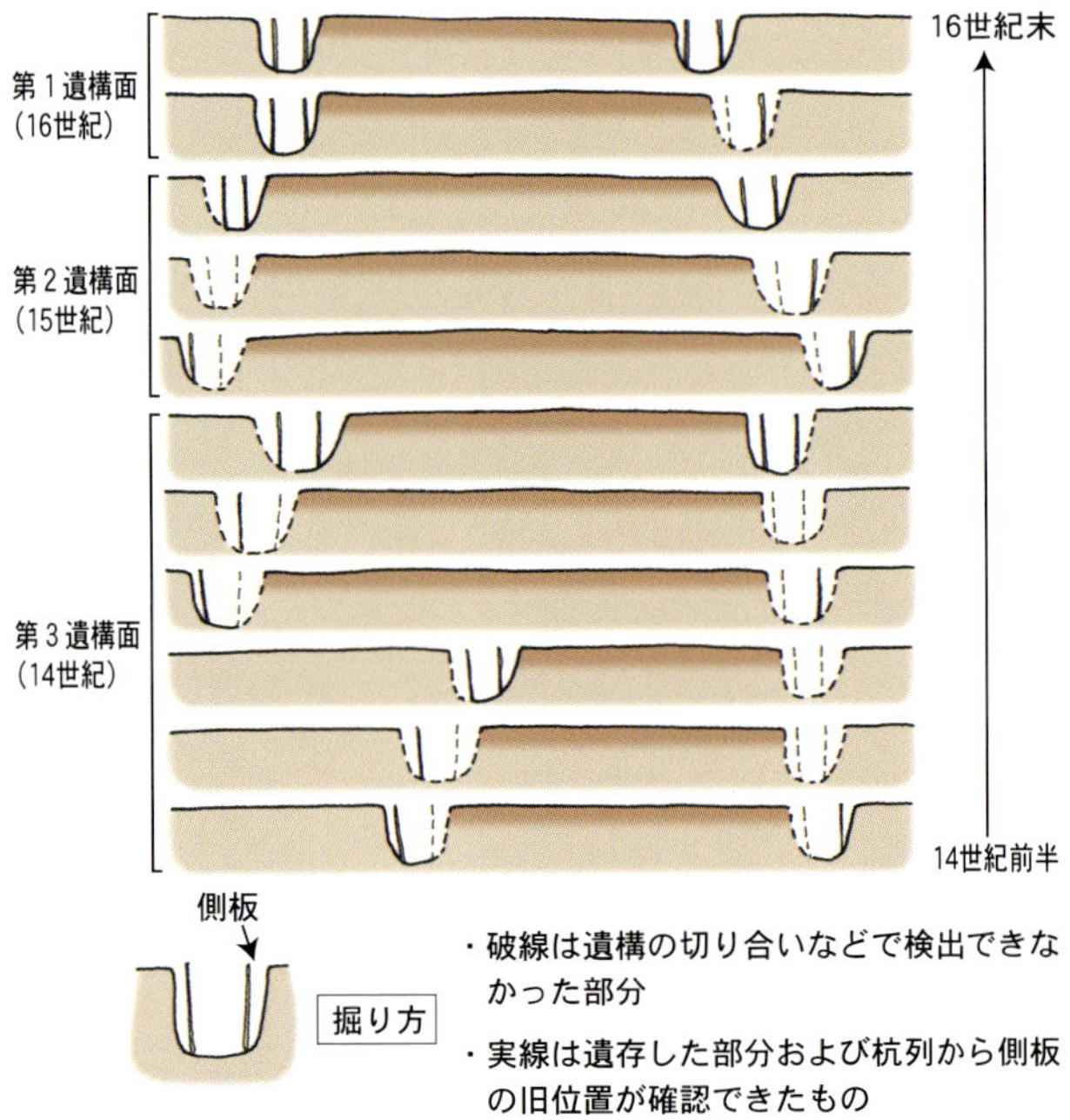

図47 ● 14世紀から16世紀までの道路変遷模式図
道路は側溝の掘りなおしのたびに狭くなり、ある程度になると一気に広くつくりなおしている。

道路の改修から町の組織が

このように中世博多の街路は、補修のたびに若干ずれたり、蛇行しつつ、おおむね同じ場所で続いていた。側溝の掘りなおしはともかく、道路の仕切りなおしとなると、それなりに強権的な指導者がいないと実行できない。なんといっても、道路をじりじりと侵食していった結果を反故《ほご》にしてしまうのである。また、道路がずれたりぶれたりするということは、道路沿いの家地を蚕食することにほかならない。家地に対する権利意識が希薄であったろうし、道路の仕切りなおしに際しては、道路に面した両側の街区のみならず、道路にそって連続した街区の共同が必要であったにちがいない。

両側町が成立する現実的な背景や、近世の「流れ」につながる道路沿いの町を連ねた組織が生まれる契機のひとつとして、道路の維持があったのかもしれない。

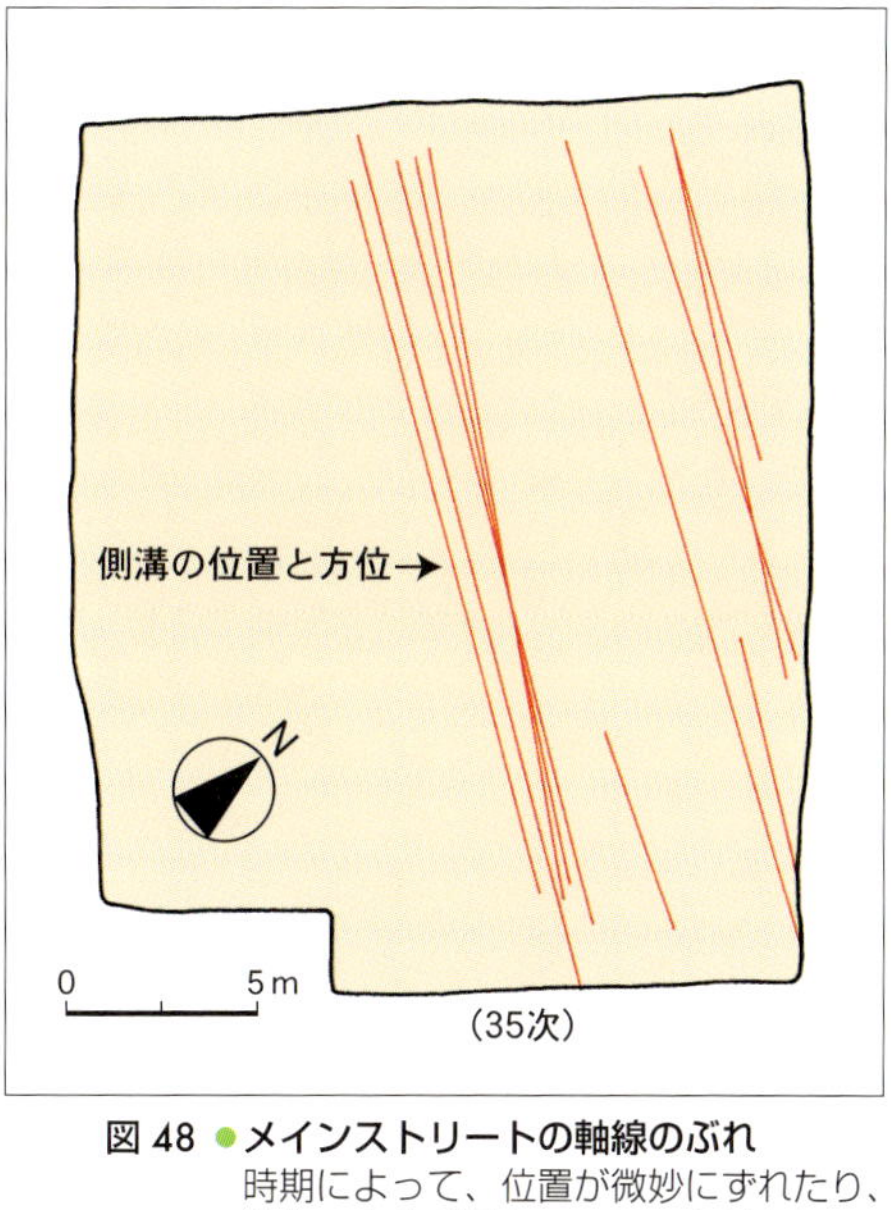

図 48 ●メインストリートの軸線のぶれ
時期によって、位置が微妙にずれたり、軸線の方位がぶれていることがわかる。

第5章　博多に集まった陶磁器

1　中国・朝鮮・東南アジアからの陶磁器

博多に集散した品々

貿易都市博多には、国内外からさまざまな物資が運び込まれ、また運び出されていった。宋との貿易の輸入品は、陶磁器・絹織物・薬・香料・典籍・銅銭などで、輸出品は金・硫黄・刀剣・木材などが知られている。また、明の時代の貿易では、陶磁器・生糸・薬・書籍・銅銭などが輸入され、硫黄・蘇木・銅・刀剣・扇子・漆器などが輸出されていた。

博多には、これらの貿易をおこなうために内外の人びとが多数往来し、それにともなってさまざまな物品も動いた。博多は、まさに国内最大の集散地だったのである。

これらの品々すべてを発掘調査によって検証することは、不可能である。ここでは、遺跡でもっとも残っている陶磁器・土器をとりあげ、博多に集散した物の一部を紹介しよう。

嗜好品的な中国陶磁器

博多遺跡群をもっとも特徴づけるのは、中国陶磁器の膨大な出土である。中国陶磁器の大部分は商品としてもち込まれたもので、博多が独占的な位置を占めた日宋貿易では、博多から日本各地へと拡散していった。

明が海禁政策をとり、勘合船の往来しか認められていなかった日明貿易の時代においても、博多商人は貿易の一翼をになっていた。また、明の中継貿易の拠点となった琉球との貿易でも、博多商人がその貿易構造の一部に食い込んでいたため、博多が主要な荷

図 49 ● 中国・景徳鎮窯の青白磁置物と小型容器
青白磁の犬や褐釉陶器の騎馬像は、子どもの玩具か、ちょっとした飾りであろう。また、さまざまな器物を象った青白磁・白磁の小型容器も稀にしか出土しない遺物である。人物を象った白磁の水滴から硯に水を落として墨をする景色には、宋風の文人趣味がよく似合う。

揚げ場所であることは変わらなかった。

そのことは、中世をとおして博多では、輸入陶磁器が、一部の高級品を除いて、ほとんど日用品として使用されていたことにあらわれている。福岡平野では、集落遺跡でも陶磁器の普及率は高く、けっして特殊な貴重品ではなかったのである。

一方、商品として拡散しなかった陶磁器もあった。一部の嗜好品的な陶磁器は、そもそもが

図 50 ● 中国・磁竈窯の黄釉鉄絵盤
宋の香り漂うデザインである。下の詩文は、中国でいまもよく使われる縁起物を列挙した常套句である。

唐房に暮らす宋人の身辺やそのサロンで使うことを前提にしたものであったと考えられる。宋を代表する製陶地・景徳鎮窯《けいとくちんよう》で焼かれた、青みのある透明釉が特徴の青白磁の小型容器（図49）は装飾性の高いもので、博多遺跡群以外での出土は稀である。福建省泉州の磁竈窯《じそうよう》で焼かれた黄釉鉄絵盤《おうゆうてつえばん》（図50）などもその類いであろうか。精緻な印象は薄いが、さまざまな意匠が闊達な筆で描かれており、装飾性は高い。

天目茶碗

博多で茶の湯に用いる天目茶碗が出土するのは、一二世紀初頭からである。これは、最初に日本に茶を伝えたとされる栄西の「喫茶養生記《きっさようじょうき》」（建暦《けんりゃく》元年〔一二一一〕）より一世紀近く早く、他の遺跡における出土が一三世紀後半以降であることをみれば、くらべるべくもない。これも、唐房の宋人サロンで用いられたものであろう。

福建省の建窯《けんよう》で焼かれた質の高い天目茶碗から、やはり福建省の茶洋窯《ちゃようよう》で焼かれたやや粗雑な天目茶碗まで、さまざまな窯の製品がもたらされている（図51）。その一方で、国産の瀬戸天目はほとんど出土しない。瀬戸天目は、一四世紀初頭以降、天目茶碗のコピーとして生産されたもので、西日本一帯まで広く普及していた。

室町時代になって、喫茶は全国に広がり、天目茶碗はステータスシンボル的な意味合いをもって、地方にまで受け入れられていった。新潟県の江上館《えがみやかた》遺跡では、唐物や瀬戸の天目に混じって、土器で天目形の椀をつくり、漆をかけて天目茶碗を模した土師器椀が出土している。

また静岡県の御所の内遺跡や青森県の浪岡城《なみおかじょう》跡では、天目茶碗形の瓦器椀《がきわん》が出土している。釉が垂れて溜まった状態まで忠実につくっており、天目茶碗を模したことは疑いない。それほどに天目茶碗に対する需要は高かったのであろう。

ところが、博多遺跡群においては、中国製の天目茶碗の出土は、けっしてめずらしいものではない。そのため瀬戸天目を必要としていなかったのである。博多遺跡群で瀬戸天目がみられるようになるのは一六世紀以後である。

朝鮮半島製の陶磁器

輸入陶磁器は中国に限ったものではなく、朝鮮半島の陶磁器も中世を通じて輸入された。高麗《こうらい》王朝時代（九一八～一三九二年）の高麗陶磁器（図52）は、宋の陶磁器が膨大な量輸入されて広範に流通したのとくらべると少量で、一部の階層で受容されたにとどまっていたようである。その後の

図 51 ● **博多遺跡群から出土した天目茶碗**
最高級といわれる建窯の製品から粗製の茶洋窯の製品まで、さまざまな中国製品が出土している。下段右の 4 点は吉州窯の天目である。

朝鮮王朝の段階になると、明の海禁政策によって明からの輸入陶磁器が減少したためか、その比重を増していく。博多では、一五、一六世紀の遺構からは、必ずといってよいほど出土している。一四世紀中ごろ以降、活発化した倭寇を禁圧する必要もあって、高麗・朝鮮王朝と北部九州諸勢力との通交は盛んであった。

日朝貿易には、九州沿海の領主層のみならず、博多・箱崎の商人も多数参加していた。朝鮮王朝の申《しん》叔舟《しゅくしゅう》が一四七一年にあらわした『海東諸国紀《かいとうしょこくき》』には、六名の博多商人と二名の箱崎商人が記されている。彼らは、朝鮮王朝から形ばかりの官職をえることで通交権を手にし、日明貿易にくらべればはるかに高い頻度で往来したのである。

東南アジアの陶磁器

一四世紀後半以降は東南アジアの陶磁器も出土するようになる（図53）。東南アジア陶磁器は、出土量としては多くないが、一四世紀後半の早い時期のベトナム陶磁器が多いのが特徴である。

図52 ● 高麗の象眼青磁
朝鮮の陶磁器は初期の高麗青磁から朝鮮王朝の雑器まで、さまざまな製品が出土する。しかし、博多遺跡群から出土する陶磁器に占める割合は大きくない。

日本国内をみわたすと、東南アジア陶磁器の出土地には時代的変遷がみられる。最初は、博多・大宰府・壱岐・対馬など北部九州の拠点遺跡に出土例が集中する（一四世紀後半）。この時期、文献史料には南蛮船の来航記事が散見され、東南アジアからの直接的な交渉があったことが推測される。

その後、一四世紀末から一五世紀初めにかけて、出土の中心は琉球に移り、一六世紀中ごろまでこの状況は続く。これは明の海禁政策で、琉球が南海貿易の中継地として指定されたことによる。

一五六七年、海禁が解かれ琉球の絶対的な優位が失われると、一六世紀後半の出土の中心は堺となる。堺商人呂宋《るそん》助《すけ》左《ざ》衛門《えもん》に代表されるような日本商人が、直接東南アジアに渡航するよ

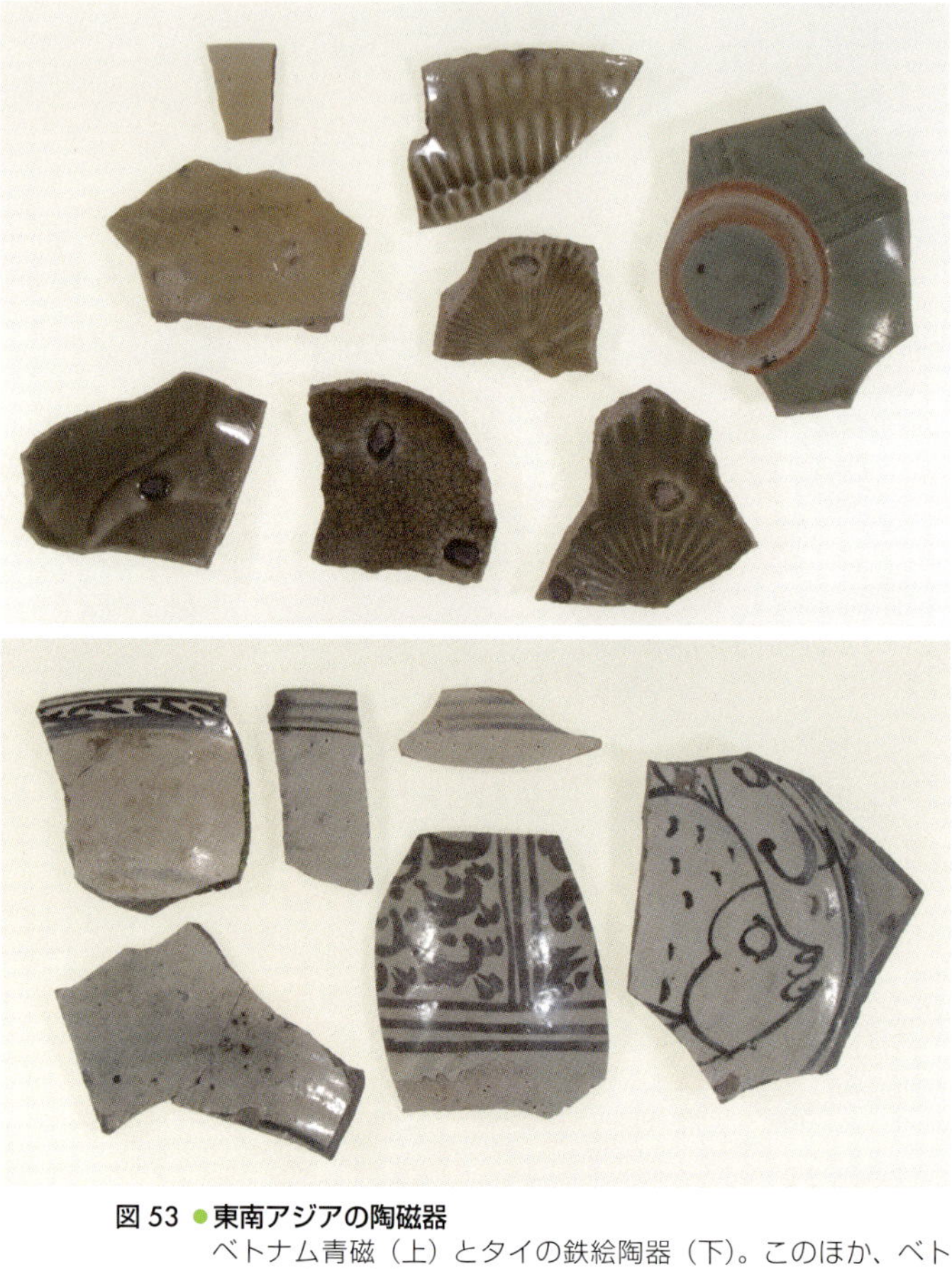

図 53 ● **東南アジアの陶磁器**
ベトナム青磁（上）とタイの鉄絵陶器（下）。このほか、ベトナムの白磁鉄絵、タイの青磁や褐釉陶器・無釉陶器、ミャンマーの黒褐釉陶器などが出土している。

うになった結果である。そして、一七世紀中ごろの鎖国以後は、長崎が主役となる。

このように、博多は比較的早く東南アジア陶磁器出土の中心地から退いたわけだが、以後、出土陶磁器が皆無になったわけではない。わずかではあるが、一八世紀ごろまで出土が報告されている。アジアの貿易システムの推移に連動して主役の座を降りたとしても、依然、主要貿易港としての存在感を失わなかったといえよう。

2　国産のかわらけ・瓦器

模倣されなかった京都系かわらけ

じつは、博多遺跡群でもっとも大量に出土するのは、素焼きの土器皿、いわゆるかわらけである（図54）。かわらけは、大きめで深い坏と小さめで浅い皿との二種類があり、両方とも時代を追うごとに小型化していく。大量に一括廃棄された状態で出土することが多いことから、宴席などで使用された後に使い捨てにされる器として語られることが多いが、北部九州周辺での出土状況をみると、集落遺跡の調査においても頻繁に出土する遺物であり、必ずしも一括廃棄に限らない。つまり、もっとも一般的、日常的な器といえる。北部九州では、宴での使い捨てに限定する必然性はないようだ。

さて、かわらけは、回転台の上で粘土紐を巻き上げて成形されるが、一五世紀くらいになるとロクロ上においた粘土の塊から引き上げてつくる水引き成形になる。これに対し、京都周辺では、回転台をまったく使わず、手で成形していく手捏《てづく》ね成形が主流である。

博多遺跡群では、この手捏ねのかわらけがしばしば出土する。形態的な特徴、胎土の質、焼き上がりの色合いなどからみて、京都からもち込まれたかわらけであることは疑いない。京都系かわらけは一一世紀と一四世紀前半および一六世紀に限って出土する。理由は不明だが、人の流れにともなったものであろう。

なお、一五世紀後半から一六世紀にかけて、京都系かわらけが全国に広がり、各地で戦国大名の受け入れるところとなり、その模倣土器をつくることが流行した。九州付近でも、中国地方から筑前まで勢力を振るった周防の大内氏が手捏ねかわらけを模倣しているし、豊後の大友氏領国では、一七世紀にいたる

図 54 ● 土師器
〔上〕在地でつくられた土師器皿・坏。大きいものが坏で、酒杯として用いられた。小さい皿は、肴や菜を添えて食膳に出されたり、油を満たし灯芯を浸して灯明皿としても使われた。
〔下〕他地域から搬入された土師器。右側 4 点は京都系のかわらけ、左側 2 点は岡山地方で生産された土師器椀 (吉備系土師質土器) である。いずれも 14 世紀前半の遺物。

まで手捏ねかわらけ模倣土器が残った。これらの模倣の背景には、京都の権威に対する憧憬があったであろうことは想像に難くない。それに対し、博多では、一六世紀代にも京都系かわらけは出土するものの、模倣の対象にはなっていない。京都的なものに対し、拒絶はしないもののとくに価値を認めない、町衆の心意気をみるようである。

畿内産の瓦器

京都からもち込まれた土器は、かわらけに限らない。素焼きの椀や皿をいぶして瓦のように黒く仕上げた瓦器にも、かわらけと同様な成形技法の特徴があり、京都周辺の瓦器がもち込まれている（図55）。

楠葉型瓦器《くずはがたがき》とよばれる摂津国楠葉牧《くずはのまき》（大阪府高槻《たかつき》市付近）で生産された椀や皿は一一世紀後半から一二世紀、和泉《いずみ》型瓦器（和泉国付近、大阪府南部）は一二世紀後半から一三世紀前半に出土しており、時期的に限定される。

楠葉型瓦器は、これまでの研究で水陸交通の要衝などに分布することが知られている。生産地も摂関家《せっかんけ》領楠葉牧に限られる。これに対し、和泉型瓦器は、和泉国を中心に四国あたりまで類品が生産され、西日本の広い範囲で出土が

図55 ● 瓦器椀
土師器をいぶして炭素を吸着させたもので、写真奥は、筑前型とよばれる在地産の瓦器椀、手前右は摂津の楠葉型、左は和泉を中心とした和泉型瓦器椀で、成形方法、器面の磨き方などにそれぞれ特色がある。

知られている。ところが、博多遺跡群では、圧倒的に楠葉型の出土が多く、和泉型はむしろ稀である。博多の楠葉型瓦器の出土量は、畿内以外の遺跡における出土点数としては、国内最多であろう。

それは、博多津唐房の時代に唐物の直接的な入手のため、京都の権門から使者が下ってきて滞在したことを予想させてくれる。一三世紀になって楠葉型がみられなくなり、和泉型が少数ではあるが出土するのは、京都から直接使者が下ってくることがなくなり、瀬戸内海あたりを往来した商人が流通を仲介するようになった結果と考えたい。

その後、一四世紀前半にふたたび楠葉型瓦器が出現し、京都系かわらけが出土する。その理由はわからないが、鎌倉時代末期の鎮西探題設置から倒幕、足利尊氏の九州下向と上洛、その後の鎮西管領・九州探題の設置、足利尊氏・直義《ただよし》間両派の間で起こった全国的な内乱である観応《かんおう》の擾乱による足利直冬《ただふゆ》の下向というめまぐるしい変転のなかで、中央からの人の流入がふたたび起こったことを推測するにとどめたい。

3　日常生活に使われた国産陶器

日本の陶器生産は、古代の須恵器生産や灰釉陶器《かいゆうとうき》生産の延長上に始まった。博多遺跡群は輸入陶磁器で語られることが多いが、国産陶器もその開窯初期段階から搬入されていた。

博多で出土する国産陶器は、西日本で生産されたものが多い。九州でも熊本県の樺万丈窯《かばのばんじょうよう》で壺や甕が生産されていたが、博多にはもち込まれなかった。兵庫県神戸の神《かん》出《で》窯《よう》、明石の魚《うお》住《ずみ》窯《よう》、香川県の十《と》瓶《かめ》山《さん》麓《ろく》窯《よう》の須恵器系陶器、備前、常滑、渥美、瀬戸などの陶器が出土している。

一三世紀段階くらいまでは、出土する器種は甕にほぼ限られており、しかも蔵骨器など特定の用途を示す出土状況はみられない。おそらく、国内流通の船舶に水瓶などとして積み込まれていた甕が、博多にとどまったものであろう。

やがて輸入陶磁器の欠を補う器種を選択的に搬入するようになったようで、備前のすり鉢、瀬戸の卸皿は商品としてもち込まれ、普及していた。瀬戸は、中国陶磁器のコピーとして展開し、機種も多く全国的に流通したが、中国陶磁器が豊富な博多では、限定的にしか受け入れられなかった（図56）。また、神出窯・魚住窯などの東播系須恵器の捏ね鉢の出土は多く、一二〜一四世紀前半にかけて、すでに日常生活のなかに普及していたといえる。

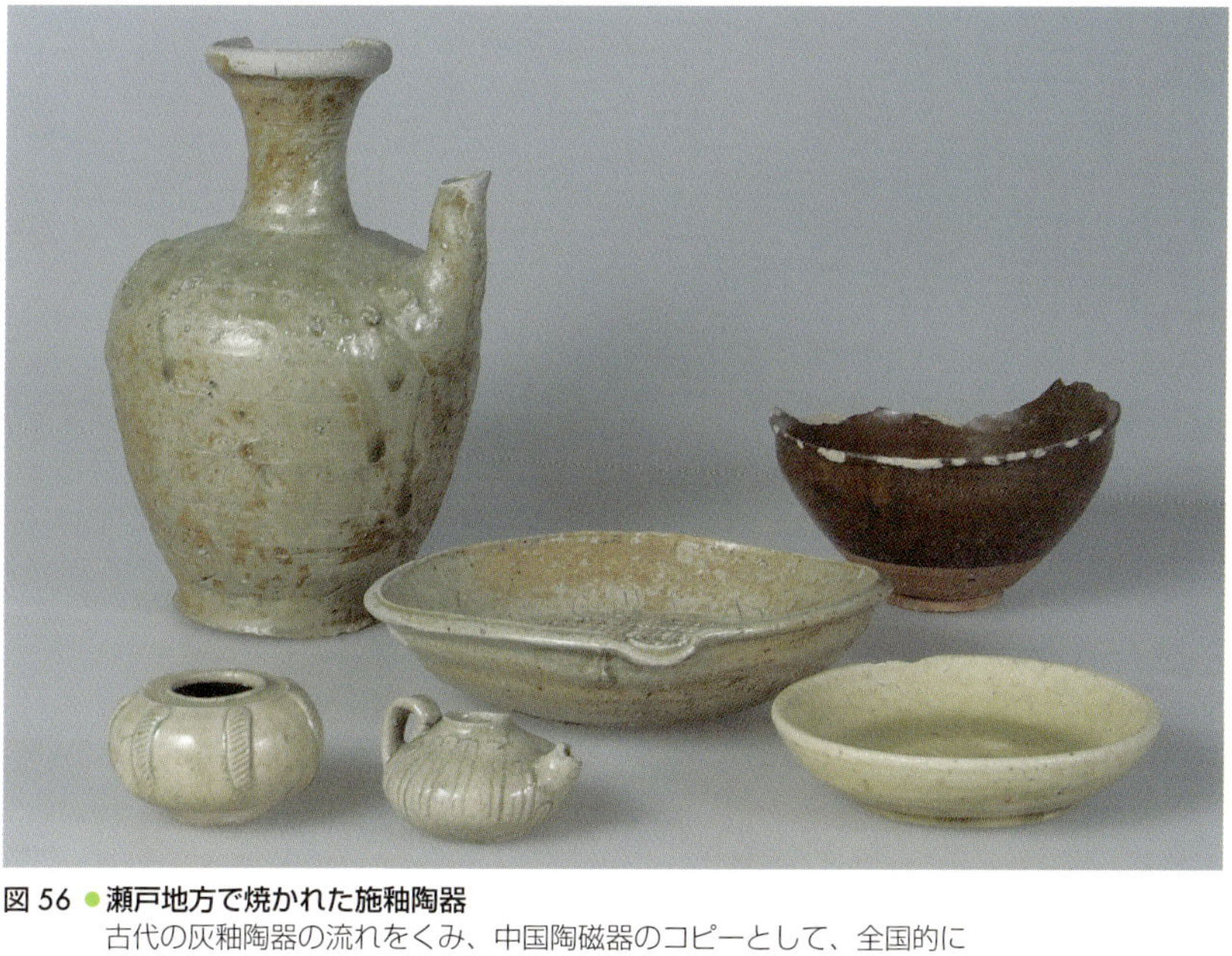

図 56 ● 瀬戸地方で焼かれた施釉陶器
古代の灰釉陶器の流れをくみ、中国陶磁器のコピーとして、全国的に流通した。しかし、中国陶磁器が豊富な博多では、出土量は少ない。

4 文化のクロスオーバー

経塚、そして陶製経筒の創造

博多でクロスオーバーしたのは、モノだけではない。宗教に代表されるさまざまな文化が博多に上陸し、全国に広がっていった。博多で交感した文化もある。経塚《きょうづか》である。

経塚とは、仏教の経典を地下に埋めた塚である。平安時代、釈迦の死後二〇〇〇年たつと仏教が廃れ、世が乱れるという末法思想が広がった。そこで経典を地下に埋め、釈迦の死後五六億七〇〇〇万年後に弥勒如来《みろくにょらい》がこの世にあらわれ救ってくれるときまで仏法を守ろうとした。こうしてつくられたのが経塚である。

経塚を最初に造営したのは藤原道長で、寛弘《かんこう》四年（一〇〇七）の金峰山《きんぷせん》経塚であるという。それ以後、経塚造営は急速に全国に広がった。博多に達した経塚は、博多に住まう宋人と交感したのである。

博多遺跡群の第一〇七次調査では、褐釉陶器の経筒《きょうづつ》を用いた経塚が出土した（図57）。蓋をともなう筒型の陶器は北部九州特有のもので、中国南部の窯で特注により焼かれたものである。経塚を受容した宋人は、陶製経筒という新たな焼き物を創出したのだ。

第一〇七次調査の経塚は、地面に穴を掘り経筒を埋めただけの簡単なもので、山頂などの高い場所に造営するという経塚の定式からははずれたものであった。博多では、第五〇次調査においても、陶器の瓶を倒置した経塚が出土しており、より人びとの目線に近く営まれたものといえる。

さて、もうひとつ九州特有の経筒がある。それは、青銅の輪を数段積み上げて円筒をつくり、塔を模した蓋をともなった、積上式経筒である。福岡平野をとりかこむ山々には、点々と経塚が営まれている。これらから出土した積上式経筒の底や陶製経筒には、しばしば墨書がみられる。「李太子」「宋人馮栄」「荘綱」「李」「王七房」「徐工」など中国人名が書かれており、定式的な経塚造営にも宋人が関わっていたことを物語っている。

博多津唐房に暮らした宋人らは、日本に生まれた経塚造営を受け入れ、博多から遠く玄界灘までを見通す山の頂に経塚を造営した。さらに、宋の窯場に特注した経筒を、町場の一角に簡便な方法で営むという新しい方式の経塚をも生み出したのである。

図 57 ● 博多の宋人が埋めた陶器製経筒
12 世紀の博多遺跡群には、町中を掘って陶製経筒を立てて埋めただけの簡単な経塚が営まれていた。左は出土状況、右はとり出した状態。

第6章　太閤町割と近世博多

1　中世博多の焼失と復興

中世博多の焼失

戦国時代末期の兵乱は、有力な領主をもたない博多を直撃し、しばしば焼き討ちされた。天正一四年（一五八六）の島津軍による焼き討ちは、天正一一年（一五八三）の肥前の龍造寺氏《りゅうぞうじ》による兵火を受けた博多にとって、自力再興を不可能にするほどの打撃を与えた。博多の豪商神屋《かみや》宗湛《そうたん》が唐津に避難していたほどであった。

発掘調査で検出される焼土層は、火災後の整地によるいわば地均し層であるが、一六世紀末の焼土層は博多遺跡群のほぼ全面をおおっており、その被害の大きさを物語っている。

この焼土層が天正一一年のものか、一四年のものか速断はできない。しかし、いずれにせよ、この焼土層を境に博多の町は一変した。鎌倉時代末期につくられて以来、室町・戦国時代を通じて維持されてきた街路は、この焼土層の上ではみあたらない。かつての街路の上には、町家が並んでいた。大規模な町場の再編がおこなわれたことがうかがえる。

豊臣秀吉の太閤町割

大友宗麟の要請を受け、天正一五年（一五八七）に島津氏を駆逐し九州を平定した豊臣秀吉は、博多の復興を命じた。これにより、博多は整然とした長方形街区でおおいつくされた。これを太閤町割という（図58）。

太閤町割は、天正一四年（一五八六）に黒田孝高《くろだよしたか》に命が下り、翌一五年、長束正家《なつかまさいえ》、小西行長《こにしゆきなが》

図58 ●近世の博多が描かれた絵図『福博惣図』（正保３年〔1646〕）
左側の堀にかこまれたのが福岡城。その海側に城下町が広がる。右手、博多川を隔てて博多の街。かつての博多浜と息浜は一つになり、太閤町割の完成した姿を示している。

ら四名を奉行として二段階でおこなわれた。そして太閤町割で復興した博多の町は、豊臣秀吉の朝鮮侵略に際して兵站基地として大きな役割を果たすこととなる。

太閤町割の遺構は、残念なことに発掘調査ではみつかっていない。それは、太閤町割による街路と街区が、近世以後の博多の街路となり、現代に継承されていることによる。しかし、近世博多の町家遺構を、間接的に太閤町割を示す遺構とみなすのであれば、多くの調査地点で、中世の遺構群とは方向性を異にするという形であわられているといえる（図59）。

掘り出されなかった陶磁器

発掘調査をおこなうと、一六世紀後半の層からは、稀に陶磁器を地中に埋納した遺構が出土する（図60）。皿や碗を数枚ごとに重ねて整然と埋めたもので、すべてが完形品である。破損品がまったくないことから捨てたものではないことは明らかで、おそらく戦火や戦乱に乗じた略奪から守るために地中に隠匿したものであろう。

しかし、それらは二度と掘り出されることはなかった。博

図 59 ● **太閤町割の前と後の街区**
太閤町割は、町並みの方向までも塗り変えていった。左は近世初頭、右は太閤町割前の 16 世紀の生活面。左の石組溝と、右の配石や遺構の軸線が示す方向性とは、明らかに異なっている。

多が復興を遂げ、かつての持ち主が帰還を果たしたとき、太閤町割によって町の姿は変わってしまっていた。隠匿場所はすでにわからなくなってしまったか、あるいは別人の所有地になっていたのかもしれない。埋納されたまま陽の目をみることがなかった陶磁器も、あるいは太閤町割を語る遺構といえるのかもしれない。

図 60 ●掘り出されなかった陶磁器
第 124 次調査（右）では、伏せた錫のひさげ、備前すり鉢の中と周囲に、第 40 次調査では（左）上半を欠いた備前甕の内外に青花磁器を主とした陶磁器が埋められていた。第 124 次は 16 世紀第 3 四半期、第 40 次は 16 世紀第 4 四半期の遺物である。

生き残った中世街区

一方で、太閤町割の後にもしっかりと生きつづけた町並みがあった。聖福寺北側の一帯に、江戸時代、寺中町《じちゅうまち》とよばれた町家が広がっている。太閤町割が南北街路を基軸とするのに対し、東西を軸とし、街区もはるかに小さい（図61）。

この街区内での発掘調査例は現在までのところないが、隣接地域の発掘調査の結果、中世の道路区画をとどめていることが明らかとなった。聖福寺には、一六世紀中ごろの徴税台帳である「安山借家牒」や「聖福寺古図」が残っているが、この地域はもともと聖福寺の築地塀《ついじべい》に囲まれた寺域内に成立した町場である。おそらく、太閤町割においても、手をつけられなかったのであろう。

豊臣秀吉の太閤町割と近世の博多へ

文禄《ぶんろく》元年（一五九二）、朝鮮侵略に従軍するため肥前名護屋《なごや》を目指した木下勝俊《かつとし》は、博多に四〜

図 61 ● 中世の面影を残す街区
聖福寺北側の一角は、江戸時代には寺中町とよばれていた。もともとは、聖福寺の境内にできた職人や小規模商人の町である。太閤町割のなかにあって、中世の区画を引き継いだ町で、現在も中世とほとんど変わらない街路をみることができる。

五日滞在した。長嘯子《ちょうしょうし》と号する歌人でもあった勝俊は、歌枕として有名であった博多の港、「袖《そで》の湊《みなと》」を訪ねようと、宿の主にその所在を尋ねた。主は答えて言った。「ちょうど今は潮が満ちていて少しは水に浸っておりますが、普段は水も枯れ、ことさらに人の口に上るようなものではございません」。それでも勝俊は見物したようで、「本当に中国の船が来着した湊とも思えない」と感想を漏らしている。

しかし、袖の湊とは、もともとは和歌の本歌取りによって創作された歌枕的地名であった。それが、いつしか博多の港の名前と伝えられるようになっていたのである。近世に描かれた博多古図や地誌類によれば、博多浜と息浜の間の低地が水道状をなした水域となっていて、そこに袖の湊があったと想像されていたのである。

この低地部分は、実際にはしだいに埋め立てが進んで、一六世紀末には東と西から楔形の低湿地が残存地形として残る程度にすぎなかった。おそらく、宿の主が嘆き、勝俊が落胆した袖の湊は、西側の楔形低湿地であったにちがいない。これは、太閤町割においても、博多浜と息浜という二つの町場の並立が、地形的にも解消されていなかったことを示している。

しかし、太閤町割後、筑前を領した小早川秀秋《こばやかわひであき》による慶長五年（一六〇〇）の埋め立て、および慶長一八年（一六一三）の黒田長政《くろだながまさ》による埋め立てで、博多浜と息浜の間の湿地は完全に埋め立てられた。その結果、博多浜と息浜はひとつの町場に統合されたのである。

こうして太閤町割は、黒田長政によって完成した。長政は、博多の各所に分散していた寺院を町場の南辺と東辺に集めて、寺町をつくった。博多の西側には、博多川を隔てて福岡城の外郭が迫っており、商人町である博多は、城下町の最外郭として位置づけられたのである。
太閤町割は、博多の町の中世的要素を払拭し、近世都市として完成させた。やがて時代は鎖国へと動き、貿易都市としての博多は終焉を迎えることになる。鎖国体制下においては、博多は海外に雄飛する道を閉ざされ、黒田五二万石の台所、城下町福岡に対する商人町博多として、一地方商都に転じていくのである。

2 水際の解消、中世の終焉

境界的な個性

本書の冒頭で、博多は日本の水際であると述べた。すなわち、日本の境界にできた都市である。五味文彦は、博多を京都・奈良と並んでわが国の中世都市を代表する類型のひとつと断じた。商業を元に無主の境界に誕生した都市、中世ならではの、いわば中世の申し子のような都市である。

あるいは、福岡平野全体が水際だったといえようか。中世をつうじて、福岡平野には政治権力が芽生えなかった。福岡平野に本拠を据えた大名はなく、宗教権門も育たなかった。鎮西探題がおかれ一時的に博多が九州の軍事・警察・訴訟の中心になった時期はあったが、その後、博多を支配した大内氏、大友氏などは代官や下代官をおいただけで、福岡平野を遠く見下ろす山城に守護代や城督を配したにとどめたのである。

デ・ルカ＝レンゾによれば、博多におけるキリシタンのあり方は、全国と異なった旋律を示したという（図62）。徳川幕府の成立期、キリシタンに対する迫害や教会破壊が進むなか、博多では新しい修道院がつくられ、黒田如水《じょすい》のキリシタン葬儀が荘厳におこなわれた。また、多くのキリシタンが殉教したなかで、博多においては数名の殉教しか知られていない。港、街道筋として重要な位置にあった博多でありながら、捕縛されたキリシタンは少数である、等々。

　黒田如水は、いうまでもなく豊臣秀吉の軍師として活躍した孝高であり、初代福岡藩主長政の父である。これらの特異な状況を、デ・ルカは、政治的な複雑さと独立性のあらわれと評した。それに加えて、その底流には、博多のもつ境界的な個性があったものとみたい。

　中世をつうじていかなる権力の拠点にもならなかった福岡平

図62 ● 博多から出土したメダイ
表（左上）にイエス、裏（右上）にマリア像をレリーフしたメダイで鉛製。下は、メダイと十字架を並べた土製鋳型。

野に居城を築いたのは、豊臣秀吉の九州平定を受けて筑前に入部した小早川隆景《たかかげ》であった。さらに、博多を膝下に据え、城を築き、城下町を整えたのは、関が原の戦いの論功行賞で筑前五二万石を得た黒田長政である。もはや、日本国内に水際はなく、無主・無縁の地は存在しえなかった。すなわち、近世社会の成立とともに、博多はその個性を失ったのである。

放埓な活況を呈した海域都市

文明《ぶんめい》一二年（一四八〇）、博多を訪れた連歌師飯尾宗祇《いいおそうぎ》は、博多をつぎのように描写した。

「前に入海遥かにして、志賀の島を見渡して、沖には大船多くかかれり。唐人もや乗けんと見ゆ。左には夫となき山ども重なり、右は箱崎の松原遠く連なり、仏閣僧坊数も知らず、人民の上下門を並べ、軒を争ひて、その境四方に広し」（『筑紫道記《つくしみちのき》』）

福岡市は、いまも港湾都市である。アジアを中心に年間一四五七万トンの輸出入があり、国内でも一五六五万トンの移出入がおこなわれている（二〇〇七年度統計）。博多港の外国航路乗降人員は、一九九三年以降全国第一位を記録しつづけており、〇七年は総数八四万人と過去最高を更新した。これは空港の国際線旅客者数と比較しても全国第六位にあたる。

海の上にまで国境線が引かれている現代国家にあっては、もはや中世のような、ある意味放埒な活況を呈した海域都市の存在は認められない。都市の規模も比較にならないくらい拡大した。しかし、博多湾の景色を遠く望むとき、宗祇が活写したのとあまり変わらない博多がそこに広がっているような思いにとらわれるのである。

参考文献

『中世都市博多を掘る』（大庭康時・佐伯弘次・菅波正人・田上勇一郎編）海鳥社　二〇〇八年
博多遺跡群に関して、テーマごとに概説的な特論と詳論であるコラム、遺構・遺物を紹介する写真解説で構成し、貿易関係から都市景観、日常生活にいたる都市生活の全般にわたって解説・紹介。文献史学の研究者と博多遺跡群の発掘調査を担当した福岡市教育委員会の文化財専門職員との分担執筆。巻末には各章に対応した詳細な参考文献リストを収録する。
榎本渉『東アジア海域と日中交流──九～一四世紀』吉川弘文館　二〇〇七年
大庭康時「集散地遺跡としての博多」『日本史研究』四四八　一九九九年
「博多綱首の時代」『歴史学研究』七五六　二〇〇一年
「戦国時代の博多」小野正敏・萩原三雄編『戦国時代の考古学』高志書院　二〇〇三年
「博多の都市空間と中国人居住区」『港町の世界史2　港町のトポグラフィー』青木書店　二〇〇六年
川添昭二編『よみがえる中世1　東アジアの国際都市博多』平凡社　一九八八年
川添昭二『中世九州の政治と文化』文献出版　一九八一年
『対外関係の史的展開』文献出版　一九九六年
『中世・近世博多史論』海鳥社　二〇〇八年
小林茂・磯望・佐伯弘次・高倉洋彰編『福岡平野の古環境と遺跡立地』九州大学出版会　一九九八年
五味文彦『王の記憶──王権と都市』新人物往来社　二〇〇七年
佐伯弘次『日本の中世9　モンゴル襲来の衝撃』中央公論新社　二〇〇三年
田上勇一郎「発掘調査からみた中世都市博多」『市史研究　ふくおか』創刊号　二〇〇六年
デ・ルカ＝レンゾ「博多とキリシタン」『中世都市博多を掘る』二〇〇八年
博多研究会編『博多研究会誌』1～11　一九九二～二〇〇三年
『博多遺跡群出土墨書資料集成』一九九六年
『博多遺跡群出土墨書資料集成』2　二〇〇三年
本田浩二郎「鎌倉時代の博多」小野正敏・萩原三雄編『鎌倉時代の考古学』高志書院　二〇〇六年
宮本雅明「空間志向の都市史」『日本都市史入門1　空間』東京大学出版会　一九八七年
山内晋次『奈良平安期の日本とアジア』吉川弘文館　二〇〇三年

刊行にあたって

「遺跡には感動がある」。これが本企画のキーワードです。

あらためていうまでもなく、専門の研究者にとっては遺跡の発掘こそ考古学の基礎をなす基本的な手段です。また、はじめて考古学を学ぶ若い学生や一般の人びとにとって「遺跡は教室」です。

日本考古学では、もうかなり長期間にわたって、発掘・発見ブームが続いています。そして、毎年厖大な数の発掘調査報告書が、主として開発のための事前発掘を担当する埋蔵文化財行政機関や地方自治体などによって刊行されています。そこには専門研究者でさえ完全には把握できないほどの情報や記録が満ちあふれています。しかし、その遺跡の発掘によってどんな学問的成果が得られたのか、その遺跡やそこから出た文化財が古い時代の歴史を知るためにいかなる意義をもつのかなどといった点を、莫大な記述・記録の中から読みとることははなはだ困難です。ましてや、考古学に関心をもつ一般の社会人にとっては、刊行部数が少なく、数があっても高価なその報告書を手にすることすら、ほとんど困難といってよい状況です。

いま日本考古学は過多ともいえる資料と情報量の中で、考古学とはどんな学問か、また遺跡の発掘から何を求め、何を明らかにすべきかといった「哲学」と「指針」が必要な時期にいたっていると認識します。

本企画は「遺跡には感動がある」をキーワードとして、発掘の原点から考古学の本質を問い続ける試みとして、日本考古学が存続する限り、永く継続すべき企画と決意しています。いまや、考古学にすべての人びとの感動を引きつけることが、日本考古学の存立基盤を固めるために、欠かせない努力目標の一つです。必ずや研究者のみならず、多くの市民の共感をいただけるものと信じて疑いません。

監　修　戸沢　充則

編集委員　勅使河原彰　小野　昭　小野　正敏　石川日出志　小澤　毅　佐々木憲一

著者紹介

大庭康時（おおば・こうじ）

1958年、静岡県生まれ。静岡大学人文学部卒業
福岡市教育委員会文化財整備課整備第1係長
主な著作　『中世都市博多を掘る』（共同編著、海鳥社)、『いくつもの日本2　新たな歴史へ』（共著、岩波書店)、『列島の古代史4　人とモノの移動』（共著、岩波書店)、『港町の世界史2　港町のトポグラフィー』（共著、青木書店）ほか

写真提供（所蔵）
福岡市教育委員会：図1・2・7・8・10・29・31
福岡市埋蔵文化財センター：図4・6・11・12・13・15・17・19・20・24・25・32・34・35・36・37・39・40・41・44・46・49・50・51・52・53・54・55・56・57・59・60・62
福岡市博物館：図28・58
大野城市教育委員会：図5
宮内庁三の丸尚蔵館：図30

上記以外は著者

シリーズ「遺跡を学ぶ」061

中世日本最大の貿易都市・博多遺跡群

2009年10月25日　第1版第1刷発行

著　者＝大庭康時

発行者＝株式会社 新 泉 社
東京都文京区本郷2-5-12
振替・00170-4-160936番　TEL03(3815)1662／FAX03(3815)1422
印刷／萩原印刷　製本／榎本製本

ISBN978-4-7877-1031-4　C1021

シリーズ「遺跡を学ぶ」

A5判／96頁／定価各1500円＋税

第Ⅰ期（全31冊完結・セット函入46500円＋税）

01 北辺の海の民・モヨロ貝塚　米村衛
02 天下布武の城・安土城　木戸雅寿
03 古墳時代の地域社会復元・三ツ寺Ⅰ遺跡　若狭徹
04 原始集落を掘る・尖石遺跡　勅使河原彰
05 世界をリードした磁器窯・肥前窯　大橋康二
06 五千年におよぶムラ・平出遺跡　小林康男
07 豊饒の海の縄文文化・曽畑貝塚　木﨑康弘
08 未盗掘石室の発見・雪野山古墳　佐々木憲一
09 氷河期を生き抜いた狩人・矢出川遺跡　堤　隆
10 描かれた黄泉の世界・王塚古墳　柳沢一男
11 江戸のミクロコスモス・加賀藩江戸屋敷　追川吉生
12 北の黒曜石の道・白滝遺跡群　木村英明
13 古代祭祀とシルクロードの終着地・沖ノ島　弓場紀知
14 黒潮を渡った黒曜石・見高段間遺跡　池谷信之
15 縄文のイエとムラの風景・御所野遺跡　高田和徳
16 鉄剣銘一一五文字の謎に迫る・埼玉古墳群　高橋一夫
17 石にこめた縄文人の祈り・大湯環状列石　秋元信夫
18 土器製塩の島・喜兵衛島製塩遺跡と古墳　近藤義郎
19 縄文の社会構造をのぞく・姥山貝塚　堀越正行
20 大仏造立の都・紫香楽宮　小笠原好彦
21 律令国家の対蝦夷政策・相馬の製鉄遺跡群　飯村均
22 筑紫政権からヤマト政権へ・豊前石塚山古墳　長嶺正秀
23 弥生実年代と都市論のゆくえ・池上曽根遺跡　秋山浩三
24 最古の王墓・吉武高木遺跡　常松幹雄
25 石槍革命・八風山遺跡群　須藤隆司
26 大和葛城の大古墳群・馬見古墳群　河上邦彦
27 南九州に栄えた縄文文化・上野原遺跡　新東晃一
28 泉北丘陵に広がる須恵器窯・陶邑遺跡群　中村浩
29 東北古墳研究の原点・会津大塚山古墳　辻秀人
30 赤城山麓の三万年前のムラ・下触牛伏遺跡　小菅将夫
別01 黒耀石の原産地を探る・鷹山遺跡群　黒耀石体験ミュージアム

第Ⅱ期（全20冊完結・セット函入30000円＋税）

31 日本考古学の原点・大森貝塚　加藤緑
32 斑鳩に眠る二人の貴公子・藤ノ木古墳　前園実知雄
33 聖なる水の祀りと古代王権・天白磐座遺跡　辰巳和弘
34 吉備の弥生大首長墓・楯築弥生墳丘墓　福本明
35 最初の巨大古墳・箸墓古墳　清水眞一
36 中国山地の縄文文化・帝釈峡遺跡群　河瀨正利
37 縄文文化の起源をさぐる・小瀬ヶ沢・室谷洞窟　小熊博史
38 世界航路へ誘う港市・長崎・平戸　川口洋平
39 武田軍団を支えた甲州金・湯之奥金山　谷口一夫
40 中世瀬戸内の港町・草戸千軒町遺跡　鈴木康之
41 松島湾の縄文カレンダー・里浜貝塚　会田容弘
42 地域考古学の原点・月の輪古墳　近藤義郎・中村常定
43 天下統一の城・大坂城　中村博司
44 東山道の峠の祭祀・神坂峠遺跡　市澤英利
45 霞ヶ浦の縄文景観・陸平貝塚　中村哲也
46 律令体制を支えた地方官衙・弥勒寺遺跡群　田中弘志
47 戦争遺跡の発掘・陸軍前橋飛行場　菊池実
48 最古の農村・板付遺跡　山崎純男
49 ヤマトの王墓・桜井茶臼山古墳・メスリ山古墳　千賀久
50 「弥生時代」の発見・弥生町遺跡　石川日出志

第Ⅲ期（全25冊　好評刊行中）

51 邪馬台国の候補地・纒向遺跡　石野博信
52 鎮護国家の大伽藍・武蔵国分寺　福田信夫
53 古代出雲の原像をさぐる・加茂岩倉遺跡　田中義昭
54 縄文人を描いた土器・和台遺跡　新井達哉
55 古墳時代のシンボル・仁徳陵古墳　一瀬和夫
56 大友宗麟の戦国都市・豊後府内　玉永光洋・坂本嘉弘
57 東京下町に眠る戦国の城・葛西城　谷口榮
58 伊勢神宮に仕える皇女・斎宮跡　駒田利治
59 武蔵野に残る旧石器人の足跡・砂川遺跡　野口淳
60 南国土佐から問う弥生時代像・田村遺跡　出原恵三
61 中世日本最大の貿易都市・博多遺跡群　大庭康時
62 縄文の漆の里・下宅部遺跡　千葉敏朗
別02 ビジュアル版 旧石器時代ガイドブック　堤　隆